de Gouges | Die Rechte der Frau
und andere Texte

[Was bedeutet das alles?]

Olympe de Gouges

Die Rechte der Frau und andere Texte

Aus dem Französischen übersetzt
von Ute Kruse-Ebeling

Mit einem Essay
von Margarete Stokowski

Reclam

6. Auflage

RECLAMS UNIVERSAL-BIBLIOTHEK Nr. 19527
2018 Philipp Reclam jun. Verlag GmbH,
Siemensstraße 32, 71254 Ditzingen
info@reclam.de
Gestaltung: Cornelia Feyll, Friedrich Forssman
Druck und Bindung: Elanders Waiblingen GmbH,
Anton-Schmidt-Straße 15, 71332 Waiblingen
Printed in Germany 2025
RECLAM, UNIVERSAL-BIBLIOTHEK und
RECLAMS UNIVERSAL-BIBLIOTHEK sind eingetragene Marken
der Philipp Reclam jun. GmbH & Co. KG, Stuttgart
ISBN 978-3-15-019527-7
reclam.de

Inhalt

Reflexionen über die versklavten schwarzen Menschen [Réflexions sur les hommes Nègres[1]]

Das versklavte, schwarze Menschengeschlecht mit seinem beklagenswerten Los hat mich stets berührt. Als sich mein Wissen gerade erst zu entwickeln begann und in einem Alter, in dem Kinder noch unbekümmert sind, bewirkte mein erster Anblick einer schwarzen Sklavin, dass ich anfing nachzudenken und mir Fragen in Bezug auf ihre Hautfarbe zu stellen.

Diejenigen, die ich damals befragen konnte, stellten meine Neugierde und meine Überlegungen nicht zufrieden. Sie behandelten diese Menschen wie unvernünftige Tiere, wie Wesen, die der Himmel verflucht hatte. Doch als ich älter wurde, erkannte ich sehr deutlich, dass es Gewalt und Vorurteil waren, die sie zu dieser schrecklichen Sklaverei verdammt hatten, dass die Natur hieran keinen Anteil hatte, und alles nur auf das ungerechte und mächtige Interesse der Weißen zurückzuführen war.

Seit langem tief berührt von dieser Wahrheit und ihrer furchtbaren Situation, behandelte ich ihre Geschichte im ersten dramatischen Stoff,[2] der meiner Phantasie entsprang. Mehrere Menschen haben sich mit ihrem Los befasst und sich dafür eingesetzt, es zu lindern. Doch niemand hat darüber nachgedacht, sie auf der Bühne in ihrer Tracht und Farbe darzustellen, so wie ich es versucht hatte, hätte sich die Comédie-Française[3] dem nicht entgegengestellt.

Mirza hatte in ihrer natürlichen Sprache gesprochen, und nichts war zärtlicher. Es scheint mir, dass dies den besonderen Reiz dieses Dramas noch verstärkte, und das war auch die Meinung aller Kenner, mit Ausnahme der Comédiens.[4] Doch beschäftigen wir uns nicht länger damit, wie mein Stück aufgenommen wurde. Ich präsentiere es der Öffentlichkeit.

Kehren wir zum entsetzlichen Los der schwarzen Sklaven zurück: Wann wird man sich darum bemühen, es zu verändern oder wenigstens zu lindern? Ich verstehe nichts von der Politik der Regierungen; aber sie sind gerecht, und niemals war das Naturgesetz dort deutlicher spürbar. Sie haben ein Auge auf grundlegende Missbräuche. Der Mensch ist überall gleich. Die gerechten Könige wollen keine Sklaven; sie wissen, dass sie ergebene Untertanen haben, und Frankreich wird keine Unglücklichen im Stich lassen, die vor ihrem Tod unsäglich leiden, seit sich persönlicher Vorteil und maßloses Streben auf den unbekanntesten Inseln eingenistet haben. Hungrig nach Blut und jenem Metall, dem die Habgier den Namen Gold gab, haben die Europäer die Natur in diesen glücklichen Gefilden verändert. Der Vater hat seinen Sohn verleugnet,[5] der Sohn seinen Vater geopfert, die Brüder haben sich bekämpft, und die Besiegten wurden wie Ochsen auf dem Markt verkauft. Was soll ich sagen? Es ist zu einem Handel auf allen vier Erdteilen geworden.

Ein Handel mit Menschen! … Gütiger Gott! Dass die Natur nicht erzittert! Wenn sie Tiere sind, sind wir es nicht ebenso wie sie? Und worin unterscheiden sich die Weißen von dieser Art von Mensch? In der Farbe … Warum will die Blonde nicht ein Vorrecht gegenüber der Braunhaarigen haben, die den Kindern von Schwarzen und Weißen ähnlich sieht? Dieser Eindruck ist genauso augenfällig wie die

Ähnlichkeit des Schwarzen mit dem Kind von Schwarzen und Weißen. Die Farbe der Menschen ist ähnlich fein abgestuft wie bei allen Tieren, die die Natur hervorgebracht hat, ebenso wie auch bei den Pflanzen und Mineralien. Warum wetteifern nicht der Tag mit der Nacht, die Sonne mit dem Mond und die Sterne mit dem Firmament? Alles ist vielfältig, und gerade das macht die Schönheit der Natur aus. Warum also sollte man ihr Werk zerstören?

Ist der Mensch nicht ihr schönstes Meisterwerk? Der Osmane[6] macht mit den Weißen, was wir mit den Schwarzen machen: Wir bezeichnen ihn jedoch nicht als barbarisch und unmenschlich, und wir wenden dieselbe Grausamkeit wie er gegen Menschen an, die sich nicht anders zu wehren wissen, als sich zu unterwerfen.

Doch was bewirkt der barbarische Despotismus der Siedler auf den Inseln[7] und in Indien, wenn sich diese Unterwerfung eines Tages erschöpft hat? Alle Arten von Revolten, Blutbädern, die durch die Stärke der Truppen nur noch erhöht werden, Giftmorde und alles, was ein Mensch tun kann, wenn er sich erst einmal aufgelehnt hat. Ist es nicht entsetzlich in den Augen der Europäer, die durch ihr produzierendes Gewerbe beachtliche Plantagen erworben haben, diese Ärmsten von morgens bis abends windelweich schlagen zu lassen, die ihre fruchtbaren Felder nicht weniger bestellen würden, wenn sie mehr Freiheit und Milde erfahren würden?

Ist ihr Los nicht unendlich grausam, sind ihre Arbeiten nicht schon so schwer genug, ohne dass man ihnen für die geringsten Fehler die schrecklichsten Züchtigungen erteilen müsste? Es wird davon gesprochen, ihr Los zu verändern, Mittel anzubieten, um es zu lindern, ohne befürchten zu müssen, dass diese Menschen schlechten Gebrauch von einer vollkommenen oder eingeschränkten Freiheit machen würden.

Ich verstehe nichts von Politik. Man geht davon aus, dass die versklavten schwarzen Menschen durch eine allgemeine Freiheit eine genauso wichtige Bedeutung erlangen würden wie die Weißen: Dass sie, sobald man sie erst Herren ihres eigenen Schicksals sein ließe, auch Herren ihrer eigenen Wünsche wären; dass sie ihre Kinder bei sich aufziehen könnten. Sie würden bei der Arbeit präziser sein und eifriger. Der Geist des Widerstands würde sie nicht länger quälen: Das Recht, sich wie die anderen Menschen zu erheben, wird sie weiser und menschlicher machen. Man wird keine unheilvollen Verschwörungen mehr befürchten müssen. Sie werden freie Bauern auf ihrem Land sein, wie die Feldarbeiter in Europa. Sie werden ihre Felder nicht verlassen, um in fremde Nationen zu gehen.

Die Freiheit der schwarzen Sklaven wird dazu führen, dass einige flüchten werden, weit weniger jedoch als im Falle der Bewohner der französischen ländlichen Gebiete: Kaum verfügen die jungen Dorfbewohner über das nötige Alter, die Kraft und den Mut, machen sie sich auf den Weg in die Hauptstadt, um dort eine Beschäftigung als Lakai oder Lastenträger anzunehmen. Es gibt hundert Diener für eine Stelle, während es auf unseren Feldern an Bauern mangelt.

Diese Freiheit führt zu einer unendlichen Vervielfachung der Anzahl von Müßiggängern, von Unglückseligen, kurzum: von gemeinen Menschen aller Art. Es ist die Kunst der Herrscher und der republikanischen Staaten, jedem Volk eine weise und gesunde Grenze zu setzen.

Dank meines natürlichen Wissens könnte ich ein sicheres Mittel finden: ich werde mich jedoch hüten, es vorzustellen. Ich müsste mehr wissen und aufgeklärter sein in Bezug auf die Politik der Regierungen. Ich habe bereits gesagt, dass ich nichts davon verstehe, und ich unterbreite meine guten oder schlechten Beobachtungen aufs Geratewohl. Das Los dieser Ärmsten muss mich mehr interessieren als jeden anderen, da schon fünf Jahre ins Land gegangen sind, seit ich ein auf ihrer bedauernswerten Geschichte fußendes Drama verfasst habe.

Ich habe nur einen Rat für die Schauspieler der Comédie-Française, und es ist der einzige Gefallen, um den ich sie in meinem Leben bitten werde: Nehmen Sie die Farbe und Tracht der schwarzen Sklaven an. Nie war die Gelegenheit günstiger, und ich hoffe, dass die Aufführung dieses Dramas die Wirkung erzielt, die man zugunsten dieser Opfer maßlosen Strebens von dem Stück erwarten darf.

Die Tracht trägt zur Hälfte zum Reiz dieses Stückes bei. Sie wird die Feder und das Herz unserer besten Schriftsteller rühren. Mein Ziel wird erfüllt, mein Ehrgeiz befriedigt sein, und die Comédie wird sich durch die Farbe nicht erniedrigen, sondern erhöhen.

Mein Glück wäre zweifellos unermesslich, wenn ich die Aufführung meines Stückes sehen würde, so wie ich sie mir wünsche. Diese schwache Skizze bedürfte einer ergreifenden Darstellung für die Nachwelt. Die Maler, die den Ehrgeiz hätten, daran ihre Pinsel zu üben, könnten als Begründer der weisesten und nützlichsten Menschheit betrachtet werden, und ich bin schon im Voraus sicher, dass ihre Sicht die Schwäche dieses Dramas zu Gunsten des Themas stärken wird.

Spielt daher mein Stück, meine Damen und Herren, es hat lange genug darauf gewartet, an der Reihe zu sein, wenn diese nicht, bei aller Rechtschaffenheit, bereits mehrmals an ihm gewesen wäre. Hier liegt es nun in gedruckter Form vor, ihr habt es euch gewünscht. Doch alle Nationen bitten mit mir um seine Aufführung, ich bin überzeugt, dass sie mich keiner Lügen strafen werden. Diese Leidenschaft, die bei jedem anderen als mir nach Eigenliebe aussehen würde, ist nur die Wirkung, den all die öffentlichen Proteste zugunsten der versklavten, schwarzen Menschen in meinem Herzen hervorrufen. Jeder Leser, der mich recht zu schätzen weiß, wird von dieser Wahrheit überzeugt sein.

[...] Adieu, meine Damen und Herren; nach diesen Bemerkungen meinerseits möget ihr mein Stück spielen wie ihr es für angemessen haltet, ich werde nicht bei den Proben sein. Ich überlasse alle meine Rechte meinem Sohn [...].

Ein nützliches und heilsames Projekt

Ich habe zugunsten meines Vaterlandes geschrieben, ich habe zugunsten des unglücklichen Volkes geschrieben.

In harten Zeiten und in Zeiten der Not ist die Zahl der Arbeiter, die ohne Hilfen leidet, ungeheuer groß. Zweifellos ist es schrecklich für die Menschheit, dass so viele Menschen, die doch nützlich für den Staat wären, durch eine allzu grausame Notlage ums Leben kommen; noch gefährlicher ist es jedoch, Hilfe im Übermaß zu leisten.

Der Notleidende muss lange warten, bevor die hilfsbereite Menschheit sich ihm gegenüber großzügig zeigt; warum finden sich bei den Franzosen nichts als Gleichgültigkeit und zügellose Extreme, nichts als Raserei, übertriebener Eifer oder Grausamkeit?

Die gebildeten Männer können sich nur mit großer Mühe im Zaum halten, sobald ihr Gemüt erregt ist; wie sollte das Volk in seiner Raserei nicht zu allem fähig sein? Es massakriert und setzt grausam in Brand, ohne dass die eigene Barbarei es auch nur einen Moment lang berühren würde; es singt, es lacht, es gibt sich in diesen Augenblicken des Schreckens den größten Exzessen der Ausschweifung hin; und in diesem mörderischen Rausch findet dieses entfesselte Volk selbst ein grausames Ende.

Die Bemerkungen von Réveillon[1] und dem Salpetersieder des Königs[2] über die Arbeiter haben diese schreckliche Katastrophe ausgelöst; und dieses verhängnisvolle Ereignis beweist nur zu gut, wie schwer es ist, Gutes zu tun, und wie sehr jeder Bürger sich davor fürchten muss, darauf hinzuweisen. Das Volk ist im Allgemeinen ungerecht, undankbar und wird schließlich aufständisch.

Dem Volk muss in Zeiten der Not geholfen werden, aber wenn man ihm zu anderen Zeiten zu viel gibt, setzt man es der Faulheit aus, man beraubt es all seiner Mittel. Diese Wohltaten sind für es verhängnisvolle Gaben.

Es gibt zweifelsohne keine Provinz, deren Abgeordnete nicht Einrichtungen oder eine Handelskasse anbieten, deren Erlös in harten Zeiten und in Zeiten der Hungersnot unter den Arbeitern ohne Beschäftigung verteilt würde.

Ich werde mich nicht über dieses Thema auslassen; ich habe nur gute Absichten, und zweifellos werde ich nur an den Mitteln scheitern. Aber die Nation wird nur einen geringfügigen Anteil ausgleichen.

Wenn eine freiwillige Steuer empfohlen wird, so vertraue ich darauf, dass man eine nationale Kasse einrichtet, die geeignet ist, die Silberlinge zur Begleichung der Staatsschulden aufzunehmen; das entspricht in etwa meinem Projekt, und es ist immer noch höchst befriedigend für mein Herz, dass ich diese Idee[3] als Erste, noch vor der Einberufung der Generalstände[4], vorgeschlagen habe.

Ich spreche nicht von den anderen Steuern, die ich ebenso in meinem *Brief an das Volk* [*Lettre au Peuple*] und in meinen *Patriotischen Bemerkungen* [*Remarques patriotiques par la citoyenne auteur de la Lettre au peuple*] vorgeschlagen habe. Wenn einige davon dergestalt sind, dass sie umgesetzt werden können, wird die Nation ihre Ausführung nicht versäumen, unabhängig davon, welchen Geschlechts ihr Autor ist.

Die wahre Weisheit kennt weder Vorurteil noch Voreingenommenheit; einzig das Wahre interessiert sie, und das Gemeinwohl leitet sie. Daher unterbreite ich dieser Weisheit die Frucht meiner Überlegungen. Ich bitte sie, über die

Fehler hinwegzusehen, von denen es in diesen Texten wimmelt, und ich bitte sie, einen Moment lang bei einigen edlen Maximen innezuhalten, die sie zieren und die das Ziel der Autorin charakterisieren. Wenn die Autorin hoffen dürfte, dass die Nation einige nützliche Überlegungen über diese drei patriotischen Texte anstellte, würde sie um keine andere Belohnung bitten als um die Realisierung eines Projektes, das auf Menschlichkeit gründet. Was das Projekt eines patriotischen Theaters angeht [*Projet d'un second théâtre francais*], das sich im letzten Kapitel des Werks *Das ursprüngliche Glück des Menschen* [*Le Bonheur primitif de l'homme ou Les rêveries patriotique*] findet, so ist es an der Nation, zu entscheiden, ob es vorteilhaft für die Sitten ist.

Jeder gute Bürger wird zugeben, dass man sich in erster Linie um die Wiederherstellung der Sitten kümmern muss, wenn man Frankreich seine gute Verfassung zurückgeben möchte.

Es wäre mithin möglich, ein interessantes Mittel dafür zu finden; und welches Mittel wäre wohl für die Männer heilsamer als das ihrer Vergnügungen? Welches Theater bietet dieser Tage eine Schule der Sitten? In allen findet man, was den Lastern schmeicheln und sie schüren kann. Diese schrecklichen Bühnen-Bretter haben das Volk verdorben. Man sieht einen Arbeiter auf Brot verzichten, seine Arbeit, seine Frau und seine Kinder zurücklassen, um zu Nicolet[5], Audinot[6], zum Variétés[7], Beaujolois[8], Délassements-Comiques[9] und noch so vielen anderen zu rennen, die das Volk gefährden, die Sitten verderben und dem Staat schaden.

Sicherlich wird die Nation diesen Artikel nicht unbeachtet lassen; er ist vielleicht von größter Bedeutung, und wenn eine gute Religion stets die sicherste Grundlage des Wohls der Staaten und Völker war, würde ein moralisches Theater, dessen Schauspielerinnen untadelig wären, der Gesellschaft der zivilisierten Männer geziemen, die Tugenden anspornen und die Ausschweifenden verbessern; und in weniger als zehn Jahren würde man anerkennen, dass die gute Komödie wahrhaft die Schule des Volkes ist. Es hat mehr als eine Doligny[10] gegeben, und jeder weiß, dass diese Schauspielerin sowohl in ihren Handlungen als auch in ihrem Lebenswandel untadelig war. Zudem war Mademoiselle Doligny stets geachtet, und die jungen Männer, die sie in ihren Rollen bewunderten, kehrten mit einer guten Vorstellung von Frauen und Ehe heim und hofften, dass das Schicksal sie eines Tages mit genauso interessanten Frauen wie diese Schauspielerin zusammenführen würde, so eindrucksvoll waren ihr Ausdruck und ihr anständiges und erhabenes Benehmen. Lässt es sich leugnen, dass Schauspielerinnen des patriotischen Theaters, die mit dem Talent und den Tugenden von Mademoiselle Doligny gesegnet wären, als Vorbild gewiss alle anderen Aufführungen beeinflussen würden?

Doch genug meiner Beschäftigung mit frivolen Dingen, auch wenn diese Frivolität dieser Tage zur wichtigsten Angelegenheit geworden ist. Wenn es wahr ist, dass das Schauspiel notwendig für die Staaten ist, und dass es zur Erholung und Erziehung der Menschen ersonnen wurde, werden die Regierung und die versammelte Nation mein Theater gutheißen.

Was mir jedoch besonders am Herzen liegt und mein Geschlecht unmittelbar betrifft, ist ein besonderes Haus, eine für immer denkwürdige Einrichtung, die in Frankreich fehlt. Zu unglücklich und zu schwach, hatten die Frauen leider niemals wirkliche Beschützer. Von der Wiege an sind wir zu fader Unwissenheit verdammt, und der geringe Wetteifer, den man seit unserer Kindheit in uns weckt, sowie die unzähligen Schmerzen, mit denen uns die Natur überschüttet hat, machen uns zu elend und zu unglücklich, als dass wir nicht hoffen würden, dass uns eines Tages die Männer zu Hilfe kommen.

Dieser glückliche Tag ist gekommen.

Seit sich das Königreich im Gleichgewicht befindet und die meisten Menschen überschwänglich sind, hat dieser lang ersehnte Tag die Ruhe wiederhergestellt, und alle Franzosen sind heute weniger erregt: Man muss hoffen, dass die versammelte Nation nur aus rechtschaffenen Geistern, feinfühligen Herzen und guten Bürgern besteht; und dass sie vorzüglich auf die öffentlichen Wohltaten des Monarchen reagieren wird.

Oh, Bürger! Oh, Monarch! Oh, meine Nation! Möge meine schwache Stimme im Grunde eurer Herzen widerhallen! Möge sie euch dazu bewegen, das bedauerliche Schicksal der Frauen anzuerkennen. Könntet ihr den Bericht darüber hören, ohne Tränen zu vergießen? Wer unter euch ist nicht Vater gewesen, wer von euch ist nicht Ehegatte, wer von euch hat nicht seine Tochter oder seine Ehefrau in Schmerzen oder in grausamen Leiden verscheiden sehen?

Welche zahllosen Schmerzen erleiden die jungen Damen, bis sie heiratsfähig sind? Welche furchtbaren Qualen empfinden die Frauen, wenn sie Mütter werden? Und wie viele von ihnen verlieren dabei ihr Leben?

Alle Kunst kann ihnen keine Linderung verschaffen, und oft sieht man junge Frauen, die, nachdem sie Tag und

Nacht unter heftigen Schmerzen gelitten haben, in den Armen ihrer Geburtshelfer verscheiden, um im Sterben Männern das Leben zu schenken, von denen sich bis zu diesem Augenblick niemand ernsthaft darum bemüht hat, auch nur das geringste Interesse an diesem allzu unglücklichen Geschlecht zu bekunden, für all die Qualen, die sie ihm verursacht haben.

Die Männer haben nichts unterlassen, an nichts gespart, um eigens für sich menschenwürdige Hilfen zu organisieren. Sie haben mehrere Einrichtungen gegründet, das Invalidenheim für Soldaten[11], das Haus der Barmherzigkeit für Adlige und die durch reiche oder führende Männer unterstützten Armenhäuser.

Dieselbe Menschlichkeit muss sie heute zu großzügigen Gönnern und Beschützern jenes Geschlechts machen, das seit langem leidet und unter verheerenden Bedingungen mit den Gemeinsten gleichgesetzt wird. Dieses, wie ich meine, allzu unglückliche und unaufhörlich untergeordnete Geschlecht treibt mich an, es bittet mich, es bewegt mich und drängt mich dazu, die Nation um ein besonderes Haus der Barmherzigkeit zu bitten, in dem nur Frauen aufgenommen werden.

Dieses Haus sollte nur unvermögenden Frauen von Militärangehörigen, rechtschaffenen Privatpersonen, Händlerinnen und Künstlerinnen offen stehen, kurzum: allen Frauen, die in rechtschaffenem Wohlstand gelebt haben und die durch einen Schicksalsschlag aller Unterstützung beraubt wurden. Oft werden sie durch Kummer oder Krankheiten, die sie außerstande setzen, sich zu Hause pflegen zu lassen, an den Rand des Todes getrieben. Man bringt sie zum Armenkrankenhaus, dem Hôtel-Dieu[12], wo sich eine rechtschaffene Frau mitten unter Bettlerinnen, übelbeleumundeten Mädchen oder Leuten aus dem Volk jedweden Zustands wiederfindet: Allein schon der Name Hôtel-Dieu muss diese Frauen in Schrecken versetzen; und wenn ihre Blicke dieses traurige Bild fixieren, flehen sie eher um den Tod als um die Hilfeleistungen dieses Hauses.

Man braucht ein Krankenhaus für das Volk, und indem man ein Haus der Barmherzigkeit für rechtschaffene Frauen einrichtet, entlastet man das bereits allzu überlastete Armenkrankenhaus. Welches Gebäude, das man errichten kann, könnte der Menschheit dienlicher sein als ein Haus der Barmherzigkeit für die leidenden und kultivierten Frauen?

Ich werde ein Gespräch eines Abgeordneten der Generalstände schildern. Seiner Ansicht nach würde es keiner Zollschranken mehr bedürfen. Man fragte ihn, was aus den dicken Mauern und den wunderschönen Gebäuden würde, die errichtet wurden, um Verwalter unterzubringen?

Sie werden von selbst fallen, antwortete er. Und was wird man aus all diesen Steinen machen? Einfache und für die Menschheit heilsamere Krankenhäuser. So manchen Palast zur Wahrung von Rechten, die nicht weniger geheiligt sein werden, wenn erst einmal jeder Einzelne eindeutig darin unterwiesen wurde, was er seinem Souverän und der Erhaltung seines Vaterlandes schuldet.

Ich bitte somit dringend um ein paar dieser Steine zugunsten der bemerkenswertesten Frauen der Gesellschaft. Es sind keine luxuriösen Wohnungen, keine vergoldeten Täfelungen, die die kultivierten Frauen von der Menschlichkeit und Großzügigkeit der Nation erwarten; es ist eine Art Krankenhaus, dem man zweifelsohne keine abstoßende Bezeichnung geben wird, vielmehr wird es eine bescheidene Einrichtung sein, deren einziger Luxus in ihrer Sauberkeit bestehen wird.

Das ist es, was die unentbehrlichen Frauen von den gebildeten und vom Vaterland gewählten Männern erwarten dürfen. Wer würde nicht seine Stimme für diese Einrichtung geben? Wer würde sich ihr entgegenstellen, ohne sich damit zugleich als schlechter Bruder, undankbarer Sohn und Rabenvater zu erweisen? Eure Eminenzen und meine Herren: Zweifelsohne wird sich niemand von euch ihr entgegenstellen, und mit einhelliger Stimme werdet ihr dieses Projekt uneingeschränkt begrüßen.

Entfernt von euren Häusern, euren Töchtern, euren Ehefrauen, könntet ihr die Natur geringschätzen und alles vergessen, was ihr den Frauen verdankt? Nein, sie müssen euch interessieren. Die großen Dinge, mit denen ihr beschäftigt seid, mögen euch vielleicht daran hindern, eure Aufmerksamkeit auf der Stelle dieser Einrichtung zu widmen; sollte jedoch der Staat erst einmal befreit und die Verfassung fest etabliert sein, werdet ihr der leidenden Menschheit und der Natur all das geben, was ihr ihnen schuldet.

Nachdem ich für die Sache meines Geschlechts eingetreten bin, erlaubt mir, meine Herren, euch zu Füßen eures Tribunals einige wichtige Bemerkungen zu unterbreiten, die euch nicht missfallen dürften.

Bedenkt, dass ihr für das Wohl des Vaterlandes verantwortlich seid; dass alle eure Mitbürger euch ihre innigsten Interessen anvertraut haben; dass sich Frankreich schon zu lang in einem Zustand des Niedergangs befindet, dass ihr es auf schnellstem Wege stützen müsst: Die Mittel dafür finden sich in euren Herzen, doch misstraut zu hitzköpfigen und unternehmungslustigen Gemütern, meine Herren, wenn man sie überhaupt unter euch vermuten kann. Um eure Rechte zu bewahren, setzt nicht die königliche Autorität herab. Möge jeder Tag eurer Versammlungen von erhabener Arbeit zeugen; möget ihr Gesetze einführen, um eine nützliche Ruhe zu erzwingen, und möget ihr durch beständige Harmonie alle anderen Franzosen erstaunen, und möget ihr schließlich das Wissen, die Bildung und den Geist mit der Weisheit unserer Väter in Einklang bringen; so wird eure Versammlung in den kommenden Jahrhunderten unter allen Völkern als ein Wunderwerk der französischen Nation lobend erwähnt werden.

Die Rechte der Frau

An die Königin[1]

Madame,
da ich die Sprache, in der man mit Königen zu reden pflegt, kaum gewohnt bin, werde ich mich nicht der Speichelleckerei der Höflinge befleißigen, um Euch dieses außergewöhnliche Werk zu widmen. Ich beabsichtige, offen mit Euch zu sprechen, Madame. Ich habe nicht die Epoche der Freiheit abgewartet, um mich auf diese Weise auszudrücken: Dieselbe Tatkraft bewies ich bereits zu einer Zeit, in der solch edle Kühnheit durch die Verblendung der Despoten bestraft wurde.

Als das gesamte Reich Euch anklagte und Euch für sein Elend verantwortlich machte, hatte allein ich die Kraft, Euch in dieser unruhigen und stürmischen Zeit zu verteidigen. Ich konnte mich nie zu der Überzeugung durchringen, dass eine in würdevollem Kreise erzogene Prinzessin alle Laster der Niedertracht besitzen sollte.

Ja, Madame, als ich das gegen Euch erhobene Schwert sah, habe ich meine Bemerkungen zwischen dieses Schwert und sein Opfer geschleudert; aber heute, da ich sehe, dass man die Menge der gedungenen Meuterer genauestens beobachtet und dass sie von der Furcht vor dem Gesetz zurückgehalten wird, werde ich Euch sagen, Madame, was ich Euch damals nicht gesagt hätte.

Sollte das Ausland Frankreich mit Krieg überziehen, so seid Ihr in meinen Augen nicht mehr diese zu Unrecht beschuldigte Königin, diese Mitgefühl verdienende Königin, sondern eine unerbittliche Feindin der Franzosen. Ach,

Madame! Bedenkt, dass Ihr Mutter und Ehefrau seid; lasst all Euren Einfluss für die Rückkehr der Prinzen[2] spielen. Dieser Einfluss, weise eingesetzt, stärkt die Krone des Vaters, bewahrt sie dem Sohn und versöhnt Euch wieder mit der Liebe der Franzosen. In dieser würdigen Vermittlung besteht die wahre Aufgabe einer Königin. Intrige, Kabale, mörderische Pläne hingegen würden Euren Sturz beschleunigen, sollte man Euch verdächtigen, zu derartigen Absichten fähig zu sein.

Madame, möge eine edlere Beschäftigung Euch auszeichnen, Euren Ehrgeiz wecken und Eure Aufmerksamkeit fesseln. Es ist allein an derjenigen, die der Zufall in eine bedeutende Position erhoben hat, dem Aufschwung der Rechte der Frau Gewicht zu verleihen und deren Erfolg voranzutreiben. Wäret Ihr weniger gebildet, Madame, müsste ich womöglich befürchten, dass Eure eigenen Interessen den Sieg über diejenigen Eures Geschlechtes davontragen würden. Ihr liebt den Ruhm; bedenkt, Madame, dass die größten Verbrechen ebenso Unsterblichkeit erlangen wie die größten Tugenden. Doch welch Unterschied des Ruhms in den Annalen der Geschichte! Die einen werden unaufhörlich zum Vorbild genommen werden, die anderen ewig die Abscheu der Menschheit erregen.

Man wird es Euch niemals als Verbrechen anlasten, wenn Ihr Euch für die Wiederherstellung der Sitten einsetzt und dafür, Eurem Geschlecht all die Standhaftigkeit zu geben, zu der es imstande ist. Dieses Werk lässt sich, zum Unglück der neuen Ordnung, nicht an einem Tag vollbringen. Diese Revolution wird nur dann fruchten, wenn sich alle Frauen ihres beklagenswerten Schicksals und ihrer verloren gegangenen Rechte in der Gesellschaft bewusst sind. Setzt Euch für eine solch schöne Sache ein, Madame. Verteidigt dieses unglückliche Geschlecht, und Ihr werdet alsbald eine Hälfte des Reiches und mindestens ein Drittel des anderen Geschlechtes auf Eurer Seite wissen.

Durch diese Glanzleistungen also, Madame, solltet Ihr Euch hervortun und Euren Einfluss geltend machen. Glaubt mir, Madame, unser Leben ist nur wenig wert, besonders für eine Königin, wenn es nicht durch die Liebe zum Volk und den ewigen Zauber der Wohltätigkeit verschönert wird.

Sollte es wahr sein, dass einige Franzosen alle Kräfte gegen ihr Vaterland rüsten: Warum tun sie es? Für wertlose Vorrechte, für Trugbilder. Glaubt mir, Madame, meinem Gefühl nach zu urteilen, wird sich die Partei der Monarchisten von selbst zerstören; sie wird alle Tyrannen im Stich lassen, und alle Herzen werden sich um das Vaterland scharen, um es zu verteidigen.

Das, Madame, sind also meine Grundsätze. Indem ich zu Euch über mein Vaterland spreche, verliere ich das Ziel dieser Widmung aus den Augen. So opfert jeder gute Bürger seinen Ruhm und seine Interessen, wenn er nur diejenigen seines Landes zum Ziele hat.

Hochachtungsvoll verbleibe ich,
Madame,
Eure untertänigste und gehorsamste Dienerin,
De Gouges.

Mann, bist du fähig, gerecht zu sein? Es ist eine Frau, die dir diese Frage stellt; du wirst ihr wenigstens dieses Recht nicht nehmen. Sage mir, wer hat dir die souveräne Herrschaft verliehen, mein Geschlecht zu unterdrücken? Deine Kraft? Deine Talente? Beobachte den Schöpfer in seiner Weisheit; prüfe die Natur in ihrer Herrlichkeit, mit der du dich, wie es scheint, messen möchtest, und gib mir, wenn du es wagst, ein Beispiel für diese tyrannische Herrschaft.*

Gehe zurück auf die Tiere, ziehe die Elemente zu Rate, untersuche die Pflanzen, wirf schließlich einen Blick auf all die Veränderungen der lebenden Organismen; und sieh den Tatsachen ins Auge, da ich dir die Mittel dazu anbiete. Studiere, erforsche und unterscheide, wenn du es vermagst, die Geschlechter in der natürlichen Ordnung. Überall wirst du sie vermischt finden, überall arbeiten sie gemeinsam als harmonische Einheit an diesem unvergänglichen Meisterwerk.

Nur der Mann hat sich ein Prinzip von dieser Ausnahme zurechtgezimmert. Sonderbar, blind, aufgeblasen durch die Wissenschaft und degeneriert, will er in diesem Jahrhundert der Aufklärung und des Scharfsinns in haarsträubendster Ignoranz als Despot über ein Geschlecht befehlen, das über alle intellektuellen Fähigkeiten verfügt. Es beansprucht, von der Revolution zu profitieren und seine Rechte auf Gleichheit einzufordern, um nicht noch mehr zu sagen.

* Von Paris bis Peru, von Japan bis nach Rom ist das dümmste Tier meines Erachtens der Mann.

Erklärung der Frauen- und Bürgerinnenrechte[3]

Zu beschließen durch die Nationalversammlung in ihren letzten Sitzungen oder in denen der kommenden Legislaturperiode.

Präambel

Die Mütter, Töchter und Schwestern, Repräsentantinnen der Nation, fordern, als Nationalversammlung konstituiert zu werden. In Anbetracht dessen, dass die Unkenntnis, die Vernachlässigung oder die Verachtung der Frauenrechte die einzigen Ursachen des öffentlichen Unglücks und der Verderbtheit der Regierungen sind, haben sie beschlossen, in einer feierlichen Erklärung die natürlichen, unveräußerlichen und heiligen Rechte der Frau darzulegen, damit diese Erklärung, die allen Mitgliedern der Gesellschaft beständig gegenwärtig ist, sie unablässig an ihre Rechte und Pflichten erinnert, damit die von Frauen und Männern ausgeübte Gewalt durch ihren jederzeit möglichen Abgleich mit dem Ziel jeder politischen Institution umso mehr geachtet wird, damit die Forderungen der Bürgerinnen, die künftig auf einfachen und unbestreitbaren Grundsätzen fußen, sich stets auf die Aufrechterhaltung der Verfassung, der guten Sitten und des Allgemeinwohls richten.

Entsprechend anerkennt und erklärt das an Schönheit wie an Tapferkeit angesichts der mütterlichen Leiden überlegene Geschlecht, in Gegenwart und unter dem Schutz des höchsten Wesens, die folgenden Frauen- und Bürgerinnenrechte.

Erster Artikel

Die Frau wird frei geboren und bleibt dem Mann gleich an Rechten. Gesellschaftliche Unterschiede dürfen nur auf den Gemeinnutzen gegründet sein.

II.

Das Ziel jeder politischen Vereinigung liegt in der Bewahrung der natürlichen und unveräußerlichen Rechte von Frau und Mann: diese Rechte sind die Freiheit, das Eigentum, die Sicherheit und vor allem der Widerstand gegen Unterdrückung.

III.

Der Ursprung jeder Souveränität liegt wesentlich in der Nation, die nichts anderes ist als die Vereinigung von Frau und Mann: Keine Körperschaft, kein Individuum, darf eine Gewalt ausüben, die nicht ausdrücklich von ihr ausgeht.

IV.

Freiheit und Gerechtigkeit bestehen darin, einem anderen das zukommen zu lassen, was ihm zusteht. Daher kennt die Ausübung der natürlichen Rechte der Frau keine andere Grenze als die der fortwährenden Tyrannei, die der Mann ihr entgegensetzt. Diese Grenzen müssen durch die Naturgesetze und die Gesetze der Vernunft reformiert werden.

V.

Die Naturgesetze und die Gesetze der Vernunft verbieten alle Handlungen, die der Gesellschaft schaden. Alles, was nicht durch diese weisen und göttlichen Gesetze verboten ist, darf nicht verhindert werden, und niemand darf gezwungen werden, etwas zu tun, was diese nicht vorschreiben.

VI.

Das Gesetz soll der Ausdruck des Gemeinwillens [volonté générale] sein; alle Bürgerinnen und Bürger sollen persönlich oder durch ihre Vertreter zu seiner Bildung beitragen; es soll für alle gleich sein: da alle Bürgerinnen und Bürger in seinen Augen gleich sind, sollen sie gemäß ihren Fähigkeiten und ohne weiteren Unterschied als den ihrer Tugenden und Talente zu allen Würden, Posten und öffentlichen Ämtern zugelassen werden.

VII.

Keine Frau ist ausgenommen; sie wird in den durch das Gesetz bestimmten Fällen angeklagt, verhaftet und gefangen gehalten. Die Frauen unterliegen wie die Männer diesem strengen Gesetz.

VIII.

Das Gesetz soll nur Strafen verhängen, die unbedingt und offensichtlich erforderlich sind, und niemand darf bestraft werden, es sei denn aufgrund eines Gesetzes, das vor der Tat aufgestellt und erlassen wurde, und das rechtmäßig auf Frauen angewendet wird.

IX.

Auf jede für schuldig befundene Frau wird die volle Strenge des Gesetzes angewendet.

X.

Niemand soll für seine selbst grundlegenden Meinungen verfolgt werden. Die Frau hat das Recht, aufs Schafott zu steigen; sie soll ebenso das Recht haben, auf die Rednertribüne zu steigen, vorausgesetzt ihre Äußerungen stören nicht die durch das Gesetz geschaffene öffentliche Ordnung.

XI.

Die freie Gedanken- und Meinungsäußerung ist eine der kostbarsten Rechte der Frau, da diese Freiheit die gesetzliche Vaterschaft gegenüber den Kindern sicherstellt. Jede Bürgerin darf daher frei sagen: »Ich bin die Mutter eines Kindes, das von Euch ist«, ohne dass ein barbarisches Vorurteil sie dazu zwingt, die Wahrheit zu verbergen, es sei denn, sie hat sich für den Missbrauch dieser Freiheit in den durch das Gesetz bestimmten Fällen zu verantworten.

XII.

Die Gewährleistung der Frauen- und Bürgerinnenrechte erfordert ein höheres Interesse. Diese Gewährleistung soll zum Vorteil aller und nicht zum persönlichen Nutzen der Frauen, denen sie gegeben wurde, geschaffen werden.

XIII.

Die zu entrichtenden Steuern für die Unterhaltung der öffentlichen Gewalt und die Verwaltungskosten sind für Frau und Mann gleich. Die Frau ist an allen lästigen Pflichten, an allen mühsamen Aufgaben beteiligt; daher soll sie ebenso an der Verteilung von Posten, Ämtern, Diensten, Würden und am Gewerbe beteiligt sein.

XIV.

Die Bürgerinnen und Bürger haben das Recht, selbst oder durch ihre Vertreter die Notwendigkeit der öffentlichen Steuern zu bestimmen. Die Bürgerinnen können dem jedoch nur zustimmen, wenn sie nicht nur am Vermögen, sondern auch an der öffentlichen Verwaltung beteiligt werden, und wenn sie die Höhe, die Veranlagung, die Erhebung und die Dauer der Steuern mitbestimmen.

XV.

Die Menge der Frauen, die gemeinsam mit der Menge der Männer ihre Steuern entrichtet, hat das Recht, von jedem öffentlichen Beamten Rechenschaft über seine Verwaltung zu verlangen.

XVI.

Eine Gesellschaft, in der weder der Schutz der Rechte gesichert, noch die Gewaltenteilung näher bestimmt ist, hat keine Verfassung; die Verfassung ist nichtig, wenn die Mehrheit der Individuen, die die Nation bilden, nicht an ihrer Ausarbeitung beteiligt war.

XVII.

Das Eigentum gehört allen Geschlechtern unabhängig davon, ob sie vereint leben oder allein; es stellt für jeden ein unverletzliches und heiliges Recht dar. Als wahres Erbe der Natur darf es niemandem genommen werden, sofern nicht eine öffentliche und gesetzlich erwiesene Notwendigkeit es offensichtlich erfordert und unter der Voraussetzung einer gerechten und vorhergehenden Entschädigung.

Postambel

Frau, erwache! Der mahnende Ruf der Vernunft erschallt im ganzen Universum. Erkenne deine Rechte! Das mächtige Reich der Natur ist nicht länger von Vorurteilen, Fanatismus, Aberglaube und Lügen umgeben. Die Fackel der Wahrheit hat alle Wolken der Torheit und Anmaßung vertrieben. Der versklavte Mann hat seine Kräfte verstärkt, er musste die deinen in Anspruch nehmen, um seine Ketten zu sprengen. Endlich frei, ist er ungerecht geworden gegen seine Gefährtin. Oh Frauen! Frauen, wann hört ihr auf blind zu sein? Welche Vorteile habt ihr in der Revolution geerntet? Eine noch größere Verachtung, eine noch stärker ausgeprägte Geringschätzung. In den Jahrhunderten der Verderbtheit habt ihr nur über die Schwäche des Mannes geherrscht. Eure Herrschaft ist zerstört; was also bleibt euch? Die Überzeugung von den Ungerechtigkeiten des Mannes, die Forderung eures Erbes, gegründet auf die weisen Gesetze der Natur. Was hättet ihr bei einem so schönen Unternehmen zu befürchten? Die gewitzte Bemerkung des Gesetzgebers[4] bei der Hochzeit zu Kana[5]? Fürchtet ihr, dass unsere französischen Gesetzgeber als Korrektive dieser Moral, die lange Zeit die verschiedenen Branchen der Politik beherrschte, aber nunmehr unzeitgemäß ist, euch wieder fragen werden: »Frauen, was habt ihr mit uns gemein?« »Alles«, hättet ihr zu erwidern. Wenn sie in ihrer Schwäche darauf beharren würden, mit dieser Inkonsequenz ihren eigenen Grundsätzen zu widersprechen, dann stellt den eitlen Überlegenheitsansprüchen tapfer die Kraft der Vernunft entgegen; versammelt euch unter der Fahne der Philosophie; entfaltet all eure Charakterstärke, und ihr werdet bald diese Hochmütigen sehen, keine unterwürfigen Verehrer, die zu euren Füßen kriechen, sondern stolz darauf, mit euch die Schätze des Höchsten Wesens zu teilen. Welche Hindernisse man euch auch immer entgegenstellen mag, es liegt in eurer Macht, sie zu überwinden, ihr müsst es nur wollen. Wenden wir uns nun der schrecklichen Schilderung dessen zu, was ihr in der Gesellschaft gewesen seid. Und da ja zurzeit von einer nationalen Erziehung die Rede ist, lasst uns sehen, ob unsere weisen Gesetzgeber wohl vernünftig über die Erziehung der Frauen nachdenken.

Die Frauen haben mehr Schlechtes als Gutes bewirkt. Zwang und Verstellung waren ihre Domäne. Was die Macht ihnen geraubt hatte, gab die List ihnen zurück; sie bedienten sich aller ihnen zur Verfügung stehenden Reize, und auch der tadelloseste Mann vermochte nicht, ihnen zu widerstehen. Das Gift, die Klinge, alles war ihnen unterworfen; sie beherrschten das Verbrechen ebenso wie die Tugend. Allen voran die französische Regierung war über Jahrhunderte vom nächtlichen Walten der Frauen abhängig. Kein Geheimnis im Kabinett war vor ihrer Schwatzhaftigkeit sicher: Botschaft, Befehlsgewalt, Ministerium, Präsidium, Pontifikat, Kardinalsamt*[6], einfach alles, was die Torheit der Männer, weltlich wie geistlich, ausmacht, wurde der Habgier und dem unmäßigen Streben dieses Geschlechts unterworfen, das einst verachtenswert war und Respekt genoss und seit der Revolution Respekt verdient und verachtet wird.

Wie viele Bemerkungen über diese Art von Antithese hätte ich nicht noch zu bieten! Ich habe nur einen Augenblick, um sie zu äußern, doch dieser Augenblick wird die Aufmerksamkeit der fernsten Nachwelt bannen. Unter dem *Ancien Régime* war alles verdorben und tadelnswert; aber sollte man nicht die Verbesserung der Dinge im Wesenskern selbst der Laster erkennen können? Eine Frau musste nur schön oder liebenswert sein; besaß sie diese beiden Vorteile, lag ihr bald ein Vermögen zu Füßen. Nutzte sie diese Vorteile nicht, hatte sie einen sonderbaren Charakter oder eine ungewöhnliche Weltanschauung, die sie zur Verachtung von Reichtümern führte; in diesem Fall

* So Monsieur de Bernis, nach Art von Madame de Pompadour.

wurde sie nur noch als Trotzkopf betrachtet. Die Schamloseste verschaffte sich Achtung mittels Gold. Der Frauenhandel war eine Art Gewerbe, das in der ersten Klasse gutgeheißen wurde und künftig kein Ansehen mehr genießen wird. Falls doch, wäre die Revolution verloren, und unter den neuen Verhältnissen wären wir immer noch verdorben. Kann sich die Vernunft jedoch darüber hinwegtäuschen, dass einer Frau, die der Mann wie eine Sklavin an den Küsten Afrikas kauft, jeder andere Weg zu Vermögen versperrt bleibt? Der Unterschied ist groß, wie man weiß. Denn diese Sklavin beherrscht ihren Herrn; schenkt der Herr ihr jedoch ohne Entschädigung die Freiheit in einem Alter, wo die Sklavin alle ihre Reize verloren hat: Was wird dann aus dieser Unglückseligen? Der Verachtung ausgeliefert, bleiben ihr selbst die Türen der Wohltätigkeit verschlossen. »Sie ist arm und alt«, heißt es, »warum hat sie es nicht verstanden, ihr Glück zu machen?« Es bieten sich weitere, noch ergreifendere Beispiele. Eine junge unerfahrene Person wird durch einen Mann verführt, den sie liebt. Sie verlässt ihre Eltern, um ihm zu folgen. Nach einigen Jahren wird der Undankbare sie verlassen, und je mehr sie in der Zeit mit ihm gealtert ist, desto unmenschlicher wird seine Unbeständigkeit sein. Hat sie Kinder, so wird er diese ebenso verlassen. Ist er reich, so wird er sich davon entbunden fühlen, sein Vermögen mit seinen edlen Opfern zu teilen. Sollte irgendeine Verpflichtung ihn an seine Pflichten binden, wird er gegen sie verstoßen und dabei ganz auf die Gesetze vertrauen. Ist er verheiratet, verliert jede andere Verpflichtung ihre Rechte. Welche Gesetze müssen somit geschaffen werden, um das Laster mitsamt seiner Wurzel auszurotten? Gesetze zur Aufteilung des Vermögens zwischen Männern und Frauen sowie solche zur öffentlichen Verwaltung. Man kann sich leicht vorstellen, dass eine Frau, die einer reichen Familie entstammt, viel durch eine gleiche Aufteilung gewinnt. Welches Los erwartet jedoch eine verdienstvolle und tugendhafte Frau, die einer armen Familie entstammt? Armut und Schande. Sollte sie nicht gerade in Musik oder Kunst brillieren, kann sie zu keinem öffentlichen Amt zugelassen werden, selbst dann nicht, wenn sie alle Fähigkeiten dazu hätte. Ich möchte die Dinge hier nur kurz darstellen; ich werde sie in der neuen Auflage meiner gesammelten politischen Werke vertiefen, die ich in wenigen Tagen, mit Anmerkungen versehen, der Öffentlichkeit zu unterbreiten gedenke.

Ich nehme nun meinen Text in Bezug auf die Sitten wieder auf. Die Ehe ist das Grab des Vertrauens und der Liebe. Die verheiratete Frau kann ihrem Mann ungestraft uneheliche Kinder gebären und jenen ein Vermögen schenken, das ihnen nicht zusteht. Die unverheiratete Frau dagegen hat nur ein schwaches Recht: Die alten und unmenschlichen Gesetze verwehrten ihr für ihre Kinder dieses Recht auf den Namen und die Güter ihres Vaters, und man hat in dieser Sache keine neuen Gesetze geschaffen. Sollte der Versuch, meinem Geschlecht eine respektable und gerechte Grundlage zu verschaffen, derzeit als eine Verstiegenheit meinerseits und als Versuch, das Unmögliche zu wagen, betrachtet werden, so überlasse ich den zukünftigen Menschen die Ehre, sich dieser Sache anzunehmen. Doch bis es so weit ist, kann man Vorbereitungen dafür treffen, durch eine nationale Erziehung, die Wiederherstellung der Sitten und durch Ehevereinbarungen.

Entwurf eines Gesellschaftsvertrags von Mann und Frau

Wir, *N* und *N*, gehen aus eigenem Willen für die Zeit unseres Lebens und für die Dauer unserer gegenseitigen Zuneigung zu den folgenden Bedingungen eine eheliche Verbindung ein: Wir beabsichtigen und wollen unser Vermögen gemeinschaftlich zusammenlegen, behalten uns jedoch das Recht vor, es zugunsten unserer Kinder und solcher, die wir aus einer gesonderten Beziehung haben könnten, zu teilen, da wir gegenseitig anerkennen, dass unsere Habe unmittelbar unseren Kindern zukommt, aus welchen Betten sie auch immer entsprungen sein mögen, und dass sie alle ohne Unterschied das Recht haben, den Namen der Väter und Mütter zu tragen, die sie als solche anerkannt haben. Ferner verpflichten wir uns, dem Gesetz zuzustimmen, das das Verleugnen seines eigenen Blutes bestraft. Ebenso verpflichten wir uns, im Fall einer Trennung unser Vermögen zu teilen und den gesetzlich vorgesehenen Anteil für unsere Kinder abzuziehen. Im Fall einer gelungenen Verbindung wiederum würde derjenige, der stirbt, zu Gunsten seiner Kinder auf die Hälfte seines Eigentums verzichten. Stürbe einer von beiden kinderlos, würde der Hinterbliebene rechtmäßig erben, es sei denn, der Sterbende hätte über die Hälfte der gemeinsamen Güter zu Gunsten eines von ihm für angemessen erachteten Dritten verfügt.

Dies wäre die ungefähre Formulierung des Ehevertrags, dessen Ausführung ich vorschlage. Ich sehe schon, wie sich die Heuchler, die Prüden, der Klerus und die ganze Höllenbande bei der Lektüre dieser sonderbaren Schrift gegen mich erheben. Wie viele moralische Möglichkeiten wird sie jedoch den Weisen bieten, um zur Vervollkommnung einer glücklichen Regierung zu gelangen! Ich werde mit wenig Worten den konkreten Beweis dafür erbringen: Der reiche, kinderlose Epikureer findet großen Gefallen daran, zu seinem armen Nachbarn zu gehen und dessen Familie zu vergrößern. Wenn es aber ein Gesetz gibt, das es der Frau des Armen erlaubt, den Reichen zur Anerkennung seiner Kinder zu zwingen, dann werden die gesellschaftlichen Bande enger geschnürt, und die Sitten geläutert werden. Dieses Gesetz würde vielleicht das Wohl der Gemeinschaft bewahren und die Ausschweifungen unterdrücken, die so viele Opfer in die Armenhäuser der Schande, Erbärmlichkeit und des Verfalls der menschlichen Grundsätze treibt, wo die Natur seit langem leidet. Mögen die Verleumder der vernünftigen Philosophie somit aufhören, gegen die primitiven Sitten zu wettern, oder mögen sie sich in der Quelle für ihre Zitate[7] verlieren.*

Ich wünsche mir außerdem ein Gesetz, das die Stellung von Witwen sowie die von unverheirateten Frauen verbessert, die durch falsche Versprechungen eines Mannes, an den sie sich banden, betrogen wurden. Ich wünsche mir fürwahr, dass dieses Gesetz unbeständige Männer zur Einhaltung ihrer Verpflichtungen oder zu einer Entschädigung zwingt, die sich nach ihrem Vermögen bemisst. Ich wünsche mir, so sage ich, dass dieses Gesetz auch streng gegen Frauen angewendet wird, zumindest in Bezug auf diejenigen, die so dreist wären, ein Gesetz in Anspruch zu neh-

* Abraham hatte rechtmäßig anerkannte Kinder von Hagar, der Magd seiner Frau.

men, gegen das sie selbst durch ihre unmoralische Lebensweise verstoßen haben, sofern der Beweis dafür geführt worden ist. Ich wünsche mir gleichzeitig, wie ich es bereits 1788 in *Das ursprüngliche Glück des Menschen* dargelegt habe, dass die Straßen-Prostituierten in ausgewiesenen Bezirken untergebracht werden. Es sind nicht die Straßen-Prostituierten, die am stärksten zum Verfall der Sitten beitragen, sondern die Frauen der guten Gesellschaft. Indem Letztere wieder sittlich aufgerichtet werden, verändert man auch Erstere. Diese Kette brüderlicher Vereinigung wird zunächst Unruhe stiften, aber in der Folge wird sie schließlich eine vollkommene Einheit hervorbringen.

Ich biete ein unwiderlegbares Mittel an, um die Seele der Frau aufzurichten. Es besteht darin, sie an allen Aufgaben des Mannes zu beteiligen: Sollte der Mann auf seiner Meinung beharren, dass dieses Mittel nicht umsetzbar ist, möge er zumindest sein Vermögen mit der Frau teilen, und zwar nicht nach seiner Willkür, sondern gemäß der Weisheit des Gesetzes. Das Vorurteil fällt, die Sitten werden geläutert, und die Natur kommt wieder zu ihrem Recht. Man ergänze noch die Ehe der Priester, den auf seinem Thron gestärkten König, und die französische Regierung dürfte nicht mehr länger untergehen.

Es ist durchaus erforderlich, einige Worte über die Unruhen zu verlieren, die, wie es heißt, der *Erlass zugunsten schwarzer Menschen*[8] [hommes de couleur] auf unseren Inseln verursacht. Dort erzittert die Natur vor Entsetzen; dort haben die Vernunft und die Menschlichkeit noch nicht die verhärteten Seelen gerührt; vor allem dort erregen Uneinigkeit und Zwietracht die Gemüter der Einwohner. Es ist nicht schwer, die Anstifter dieses aufrührerischen Unruheherds zu erraten: Einige von ihnen sitzen inmitten der Nationalversammlung selbst. Sie entfachen in Europa das Feuer, das Amerika erfassen soll. Die Kolonisten beanspruchen, als Despoten über Menschen zu herrschen, deren Väter und Brüder sie eigentlich sind. In Verachtung der Rechte der Natur verfolgen sie ihren Ursprung bis in die kleinste Farbschattierung ihres Blutes hinein. Diese unmenschlichen Kolonisten sagen: »Unser Blut fließt in ihren Adern, doch wenn es sein muss, werden wir es vollständig vergießen, um unsere Habgier oder unser blindes, unmäßiges Streben zu stillen.« An diesen Orten, die der Natur am nächsten sind, verleugnet der Vater den Sohn; taub gegen die Rufe des Blutes, erstickt er allen Zauber desselben. Was darf man vom Widerstand erwarten, den man ihm entgegensetzt? Ihn mit Gewalt zu erzwingen, bedeutet, ihn schrecklich werden zu lassen; ihn weiter in Ketten zu belassen, bedeutet, alles Elend nach Amerika zu befördern. Eine göttliche Hand scheint überall das Erbe des Menschen, *die Freiheit*, zu verteilen. Allein das Gesetz hat das Recht, diese Freiheit zu unterdrücken, wenn sie zur Sittenlosigkeit verkommt. Doch sie muss für alle gleich sein; besonders von ihr muss die Nationalversammlung in ihrem von Umsicht und Gerechtigkeit diktierten Erlass durchdrungen sein. Möge diese in gleicher Weise etwas für den Zustand Frankreichs tun und sich ebenso wachsam gegenüber den neuen Missbräuchen zeigen, wie sie es gegenüber den früheren getan hat, die jeden Tag entsetzlicher werden! Meiner Meinung nach müsste außerdem die ausführende Gewalt mit der gesetzgebenden Gewalt versöhnt werden, da mir scheint, dass Erstere derzeit alles ist, und Letztere nichts, was, unglücklicherweise vielleicht, den Untergang des französischen Reichs einläuten könnte. Ich betrachte diese beiden Gewalten wie Mann und Frau*[9], die vereint, aber gleich an Macht und Tugend sein müssen, um in glücklicher Ehe zu leben.

Es ist also wahr, dass niemand seinem Schicksal entrinnen kann: dies habe ich heute am eigenen Leibe erfahren.

Ich war fest entschlossen, mir in dieser Schrift nicht das geringste Wort des Spaßes zu erlauben, doch das Schicksal wollte es anders. Folgendes ist passiert:

Sparen ist nicht verboten, vor allem nicht in diesen Zeiten der Not. Ich wohne auf dem Land. Heute Morgen um acht Uhr bin ich von Auteuil aus aufgebrochen und habe mich in Richtung der Straße aufgemacht, die von Paris nach Versailles führt, wo man oft auf diese berühmt-berüchtigten öffentlichen Reisekutschen[10] trifft, die Reisende für wenig Geld mitnehmen. Zweifellos stand meine Reise von Beginn an unter einem schlechten Stern. Am Schlagbaum angekommen, treffe ich nicht einmal auf eine traurige Aristokratendroschke. Ich ruhe mich auf den Stufen dieses hochtrabenden Gebäudes mit seinen Beamten aus. Die Uhr schlägt neun, als ich meinen Weg fortsetze: Ich erblicke eine Droschke, nehme darin Platz und komme, zwei verschiedenen Uhren zufolge, um viertel nach neun an der

* In *Le souper magique, ou les deux siècles* [Das zauberhafte Abendessen] von Monsieur Merville fragt Ninon, wer die Mätresse von Ludwig XVI. sei. Man antwortet ihr, dass dies die Nation sei: Diese Mätresse werde die Regierung verderben, sollte sie zu viel Macht erlangen.

Pont Royal an. Dort nehme ich die Droschke und eile flugs zu meinem Drucker in die Rue Christine, weil ich nur so früh morgens dort hingehen kann: Wenn ich meine Korrekturbögen durchsehe, bleibt mir immer etwas zu tun, wenn die Seiten nicht zu eng und voll sind. Ich bleibe ungefähr 20 Minuten, dann beschließe ich, müde vom Laufen sowie vom Satz und Druck, ein Bad im Quartier du Temple zu nehmen, wo ich auch essen wollte. Um viertel vor elf komme ich bei der Uhr des Bades an; somit schulde ich dem Kutscher anderthalb Stunden, doch um Streit mit ihm zu vermeiden, biete ich ihm 48 Sols[11] an. Wie man es gewohnt ist, verlangt er mehr und wird laut. Ich bestehe darauf, ihm nun keinesfalls mehr zu geben, als ihm zusteht, denn der Gerechte ist lieber großzügig, als dass er sich betrügen lässt. Ich drohe ihm mit dem Gesetz, und er erwidert mir, dass ihm das nichts ausmache und ich ihm zwei Stunden zahlen werde. Wir kommen bei einem Friedenskommissar an, dessen Namen ich großzügigerweise nicht nennen werde, obwohl sein autoritärer Akt, den er sich mir gegenüber erlaubt hat, eine förmliche Anzeige verdient hätte. Zweifellos wusste er nicht, dass die Frau, die ihr Recht verlangte, die Autorin war, die sich so viel für Wohltätigkeit und Gerechtigkeit eingesetzt hatte. Ohne meine Gründe zu berücksichtigen, verurteilt er mich erbarmungslos dazu, dem Kutscher zu zahlen, was er verlangte. Da ich das Gesetz besser kenne als er, entgegne ich ihm: »Monsieur, ich weigere mich, und ich bitte Euch zu beachten, dass Ihr nicht den Grundsätzen Eurer Aufgabe gerecht werdet.« Daraufhin erregt sich dieser Mann, oder besser gesagt, dieser Rasende, und droht mir mit der Ordnungsmacht, wenn ich nicht augenblicklich zahle, oder den ganzen Tag in seinem

Büro zu verbringen. Ich verlange, von ihm zum Bezirksgericht oder zum Rathaus gefahren zu werden, um mich über seinen autoritären Akt zu beschweren. Der ernste Richter in seinem staubigen Gehrock, der so widerlich war wie seine Redeweise, sagte scherzend zu mir: »Diese Angelegenheit wird zweifelsohne bis vor die Nationalversammlung gehen?« »Das könnte durchaus passieren«, erwiderte ich und meinte im Gehen, halb wütend, halb lachend über das Urteil dieses modernen einfältigen Richters[12]: »Das also ist die Art von Mann, die über ein aufgeklärtes Volk richten soll!« Dergleichen erlebt man ständig. Ähnliche Erlebnisse widerfahren ohne Unterschied guten wie schlechten Patrioten. Es herrscht allgemeine Klage über das Durcheinander in den Abteilungen und Gerichten. Es wird kein Recht gesprochen, das Gesetz wird nicht geachtet, und die Polizei entwickelt sich Gott weiß wie. Es lassen sich keine Kutscher mehr finden, denen man seine Sachen anvertrauen könnte; sie verändern ihre Nummern[13] frei nach Laune, und mehrere Personen haben, ebenso wie ich, in den Wagen bereits beträchtliche Verluste erlitten. Unter dem *Ancien Régime* kam man, wie viel Straßenraub es auch gegeben haben mag, seinen Verlusten auf die Spur, indem man einen namentlichen Aufruf der Kutscher unternahm und die Nummern genau inspizierte; letztlich hatte man eine gewisse Sicherheit. Was tun diese Friedensrichter? Was tun diese Kommissare und Inspektoren der neuen Ordnung? Sie stellen nichts als Torheiten an und beanspruchen Vorrechte. Die Nationalversammlung muss all ihre Aufmerksamkeit auf diesen, die soziale Ordnung umfassenden Bereich lenken.

P. S.: Dieses Werk war schon seit einigen Tagen gesetzt, doch sein Druck hat sich verzögert; und in dem Augenblick, da Monsieur Taleyrand[14], dessen Name der Nachwelt immer teuer sein wird, sein Werk über die Prinzipien des nationalen Erziehungswesens präsentierte, befand sich diese Schrift bereits im Druck. Es machte mich glücklich, wie sehr sich meine Ansichten mit denen dieses Redners deckten! Ich konnte allerdings nicht umhin, den Druck anzuhalten und meiner reinen Freude freien Lauf zu lassen, die mein Herz anlässlich der Neuigkeit erfüllte, dass der König gerade die Verfassung akzeptiert hatte, und dass die Nationalversammlung, die ich zurzeit verehre – ohne den Abbé Maury[15] davon auszunehmen, und la Fayette,[16] den Göttlichen –, einstimmig eine Generalamnestie verkündet hat. Göttliche Vorsehung, mach, dass diese allgemeine, öffentliche Freude keine falsche Illusion ist! Schicke uns all unsere Flüchtigen[17] leibhaftig zurück, so dass ich ihnen mit einem liebenden Volk auf ihrem Weg entgegeneilen kann, und wir werden an diesem feierlichen Tag alle deine Macht würdigen.

Politisches Testament von Olympe de Gouges

Oh, göttliche Vorsehung! Du, die du stets mein Handeln gelenkt hast, dich allein rufe ich an – die Männer[1] sind nicht mehr imstande, mich zu hören. Verfüge über meine Lebenstage, beschleunige ihr Ende. Meine Augen, müde vom kläglichen Schauspiel ihrer Zwietracht und Verschwörungen, können ihre Abscheulichkeiten nicht länger ertragen. Sollte ich durch die Klinge der Konterrevolutionäre aus allen Parteien sterben müssen, beseele mich in meinen letzten Augenblicken und gib mir die Tapferkeit und die Stärke, die Ruchlosen zu verblüffen und meinem Land, so ich es vermag, im Angesicht des Todes noch einmal zu dienen!

Du, die du von langer Hand die Revolutionen planst und die Tyrannen schlägst! Du, deren forschendes Auge bis in das finsterste Bewusstsein hinein dringt, das Verbrechen hat seinen Gipfel erreicht! Bring diese schwere Ungerechtigkeit ans Licht, schlag zu, es ist höchste Zeit. Oder, falls du das reine, unbescholtene Blut einiger unschuldiger Opfer benötigst, um zu den Tagen deiner schrecklichen Rache zu gelangen, füge jener großen Proskription[2] das Blut einer Frau hinzu. Du weißt, wie ich nach einem ruhmreichen Tod getrachtet habe! Glücklich, als Erste der Sache des Volkes gedient, mein Vermögen für den Triumph der Freiheit geopfert und mit meinem Sohn schließlich dem Vaterland einen wahren Verteidiger geboren zu haben, strebte ich nur nach dem geringsten Zufluchtsort, der Strohhütte des Philosophen, würdiger und süßer Lohn seiner Tugenden!

In Anbetracht meiner Schriften, meiner vergeblichen Bemühungen, die Männer an die teuerste Moral von allen zu erinnern, jene ergreifende Brüderlichkeit, die allein das Vaterland retten könnte, musste ich still weinen, Mutter eines Sohnes, der für das Vaterland sein Blut an den Grenzen vergossen hatte und der mir, durch eines dieser Wunder, deren Wohltaten du allein, oh göttliche Vorsehung, zu lenken vermagst, zurückgegeben worden ist. Dieser Sohn, den man unter den Leichen und den Pferden der Feinde hervorzog und von dem man in der französischen Armee glaubte, dass er sich für sein glühendes staatsbürgerliches Pflichtgefühl geopfert hätte, der zwischen den Sterbenden in ein Lazarett gebracht wurde, kurzum: der von der Liste der Lebenden gestrichen und durch den Feind all seiner Ausrüstung beraubt worden war, eilt nach Paris, um dort seine Mutter aufzusuchen und sich erneut um eine Anstellung zu bewerben. Ich war der Hauptstadt entflohen und suchte nur unerkannt in der Provinz zu leben, wo ich mich niederlassen wollte: Da erfahre ich, dass mir der Himmel meinen Sohn zurückgegeben hat, dass er in Paris ist, und ein Schicksal, das ich mir vergeblich zu hindern gewünscht hätte, führt mich zurück in die Mauern der Hauptstadt, wo mich zweifelsohne ein Ende erwartet, das meiner Beharrlichkeit und meiner langjährigen Arbeit angemessen ist.

Ich erfahre, dass mein Sohn Paris bereits wieder verlassen hat und dass er den Mitgliedern, die die *Bergpartei*[3] im Nationalkonvent bilden, einen neuen Vertrauensrang verdankt, der seinem militärischen Genie geschuldet ist, doch den man ihm auch aufgrund seines Alters hätte ausschlagen können: Da ich Ihnen als gemäßigt gelte und stark den Grundsätzen der Girondisten zuneige, weiß ich, dass sie die Abneigung, die sie gegen die Mutter hegen, nicht auf den Sohn übertragen haben. Ich verdanke diesen Akt öffentlicher Gerechtigkeit ihrer Integrität, der ich, so sage ich mehr noch, meine vollste Anerkennung schulde, und so werde ich sie ihnen im Folgenden zum Ausdruck bringen.

Mein Sohn, alles Glück auf Erden, das Universum, das mir zu Füßen liegt, die über meinem Kopf erhobenen Dolche sämtlicher Mörder: nichts könnte die bürgerliche Liebe, die in meiner Seele brennt, zum Erlöschen bringen, nichts könnte mich dazu bringen, mein Gewissen zu verraten. Männer, was habt ihr getan, verwirrt durch die rasenden Leidenschaften, und mit welch unübersehbarem Leid habt ihr nicht nur Paris, sondern ganz Frankreich überzogen? Es heißt, ihr hättet alles aufs Spiel gesetzt. Ihr habt eure Hoffnungen darauf gesetzt, dass es, um das Gemeinwesen zu retten, nur einer großen Proskription bedarf, und dass die vom Schrecken gezeichneten Departements diese entsetzlichen Maßnahmen blindlings annehmen würden: Solltet ihr euch nicht getäuscht haben, sollten 32[4] Opfer den Hass und die Leidenschaften besänftigen können, sollten sie die Feststellung der unabhängigen Republik durch die ausländischen Mächte bewirken und die Armee der Konterrevolutionäre vernichten können, so beeilt euch, ihr Blut auf den Schafotten fließen zu lassen; ich biete euch ein weiteres Opfer an. Ihr sucht den Hauptschuldigen? Ich bin es: Schlagt zu. Ich war es, die in meiner offiziösen Verteidigung von Louis Capet[5] als wahre Republikanerin um Milde der Sieger gegenüber einem entthronten Tyrannen bat; ich war es, die die Idee hatte, das Volk anzurufen; und ich war es schließlich, die durch diese edle Maßnahme alle Zepter brechen, die Völker wieder aufrichten und die Rinnsteine von Blut zum Versiegen bringen wollte, die seit dieser Zeit für diese Sache fließen. Das also, Franzosen, ist mein Verbrechen, es ist Zeit, inmitten der Henker dafür zu büßen.

Sollte ich aber noch, durch eine letzte Anstrengung, das Gemeinwesen retten können, so will ich, dass meine Henkersmeister, noch während sie mich ihrer Raserei opfern, mich um mein Los beneiden. Und sollten die Französinnen eines Tages von der Nachwelt betrachtet werden, so wird sie meine Erinnerungen vielleicht zu schätzen wissen. Ich habe für alles Vorsorge getroffen, ich weiß, dass mein Tod unvermeidlich ist. Doch wie ruhmvoll, wie schön es für eine wohlgeborene Seele ist, wenn ein schändlicher Tod alle guten Bürger bedroht, für das zugrunde gehende Vaterland zu sterben! Ich klage niemanden direkt an. Doch was werdet ihr am Ende sein, was wird aus euch werden, Männer des Blutes, wenn die Departements sich gegen Paris erheben und zur Verteidigung der heiligen Pfände zu den Waffen greifen, die sie euch in Person ihrer Vertreter anvertraut haben? Ihr erzürnt das Volk, welches diese in seiner Verblendung hinmorden und eure Rache befriedigen wird. Doch werdet ihr nach diesem Verbrechen diesem Volk entkommen, sobald es sich nach seiner Verirrung wieder besonnen hat, werdet ihr dieser Umkehr der öffentlichen Meinung entkommen, auf die ihr eure verbrecherischen Hoffnungen bautet? Nein. Ich glaube, ich sehe schon vor mir, wie dieses Volk, so wie man sich das höchste Wesen beim Jüngsten Gericht ausmalt, schrecklich in seiner Gerechtigkeit, Rechenschaft von euch verlangt für das Blut, das es für euch vergossen, und für die außerordentliche Gefahr, in die eure Rasereien es getrieben haben wird. Ach! Wenn noch Zeit dafür ist, verirrte Männer (denn ich kann mich nur an jene wenden, die nur ihren Kopf verloren haben), setzt eurem Hass und euren Racheakten ein Ende! Was aber jene niederträchtigen Seelen angeht, die sich fremden Mächten verkauft haben und die, mit Fackel und Schwert in der Hand und den Republikanismus predigend, uns mit Gewissheit in die schrecklichste Sklaverei führen, so wird ihre Strafe eines Tages ihren Schandtaten entsprechen. Ich sage, es ist somit an euch, verirrte Bürger, die Augen zu öffnen für den nahenden Untergang eures unglücklichen Vaterlandes, und diesen verheerenden, von allen Seiten her über die Ufer tretenden Strömen in Richtung dieser Stadt Einhalt zu gebieten. Und ihr, Vertreter der Nation, die ihr, um das Gemeinwesen von Paris zu retten, durch diese Maßnahme nicht jenes von ganz Frankreich gerettet habt, ihr habt persönlichen Hassgefühlen 32 eurer würdigen Kollegen geopfert, die bald Anklageschriften von euch verlangen werden, ohne dass ihr eine einzige Tatsache gegen die Angeklagten vorbringen können werdet. Wisst ihr, was euch zu tun bleibt, wenn, von ihrer Unschuld überzeugt, ein noch ungerechteres Verbrechen euch dazu zwingen kann, diese entsetzlichen Beschlüsse gegen euer Gewissen zu verkünden? Überbietet, so möglich, die Römer noch an Tapferkeit und Tugend. Ruft diese Opfer in eure Mitte zurück, und bietet dem Volk eure Köpfe an. Da ihr mit der nationalen Souveränität betraut seid, welche Schläge sollten euch erreichen können? Und wenn es den Rasenden durch eine jener Schandtaten, die die Welt noch nie gesehen hat, gelingen sollte, sich einen Weg über die sterbenden Körper der guten Bürger hinweg zu bahnen, die sich bewaffnen werden, um euch zu verteidigen, sterbt wenigstens so, dass ihr unseres gerechten Bedauerns und der Bewunderung durch die Nachwelt würdig seid.

Und ihr, Opfer der finstersten aller Schandtaten, würdig der ersten Freiheit Roms nach der Verbannung der Tarquinier[6], wer wird sich eure Standhaftigkeit, eure Unterwerfung unter die Gesetze vergegenwärtigen können, ohne euch auf die Seite eines Brutus[7], eines Catos[8] usw. usw. zu stellen.

Ich sehe die Nachwelt vor mir, wie sie auf jenen Seiten [im Buch] der Geschichte, auf denen eure Namen verzeichnet sein werden, verharrt und Tränen der Bewunderung vergießt, wenn sie erfährt, dass ihr, überwältigt von republikanischem Heldenmut inmitten des Schreckens und der Bedrohungen, um die Wette auf die Tribüne geeilt seid, um dem Volk euren Kopf anzubieten und dem Gemeinwesen euer tadelloses Leben zu opfern.

Wie sehr doch auch ich mich von demselben Heroismus überwältigt fühle, der die Tapferkeit veredelt und die Mörder erblassen lässt! Ja, alles deutet mir darauf hin, dass in just demselben Tod, der euch erwartet, auch ich die Belohnung für meine bürgerlichen Tugenden finden werde. Wie sehr es mich doch mit Stolz erfüllt, eure Verteidigung zu übernehmen und wie ihr als wahre Republikanerin zu sterben!

Ihr, die ihr von Frankreich angerufen werdet, über die die Mehrheit der Bürger von Paris klagt und die niemand von ihnen zu verteidigen wagt, nehmt diesen Beweis meiner Tapferkeit und Hochachtung entgegen, die ich allen Männern gelobt habe, die ich für tugendhaft halte.

Doch da ich noch das Glück habe, mich vor meinem Tode meinen Mitbürgern kundzutun, werde ich ihnen mit wenigen Worten genaue Rechenschaft über mein Verhalten und mein Vermögen ablegen. Mögen die Intriganten, die so unverschämt die Kassen der Republik vergeuden, so wie ich eine genaue Aufstellung ihres Aktiv- und Passivvermögens vorlegen, und das Volk wird sodann klar sehen und seine wahren Freunde von seinen Feinden zu unterscheiden wissen.

Im Jahre 1788 besaß ich noch 50 000 Livres[9], die ich bei einem bekannten Hause angelegt hatte, sowie bewegliche Güter von ungefähr 30 000 Livres. Jetzt habe ich noch insgesamt 15 000 oder höchstens 16 000 Livres. Man wird beim Notar Momet[10] meinen Rückzahlungsvertrag und die genaue Rechnung über die 40 000 Livres finden, die ich für das Gemeinwohl ausgegeben habe. Meine Spenden während des schweren Winters, meine Schriften, die all die Wohltätigkeit verbreiteten, die sich damals vollzog, meine Entwürfe für öffentliche Werkstätten für Arbeiter, meine freiwilligen Steuern, meine patriotischen Spenden, mein Name, der in keinen Rentenregistern und Zivillisten[11] zu finden ist, meine Rechtschaffenheit, meine Uneigennützigkeit und schließlich die bei den Notaren, in den Protokollen und amtlichen Dokumenten seit 1788 vorfindlichen genauesten Belege: Alles das wird meinen Mitbürgern zeigen, dass, da ich weder Ruhm noch Belohnungen angestrebt habe, mein Verhalten nur um so reiner und strahlender war. Vergeblich würden mich die Intriganten anklagen, mit jenen unter einer Decke zu stecken, die sie *Girondisten* nennen. Sie wissen nur zu gut, dass ich mit keinem von ihnen in irgendeiner öffentlichen oder privaten Verbindung stehe, abgesehen von der Übereinstimmung in guten Grundsätzen. Das ist die Wahrheit; und wenn der Gott des Gewissens, so wie ich ihn mir vorstelle, der einzige Gott ist, den die Menschen anbeten sollen, so werde ich diese Wahrheit eines Tages über den Betrug triumphieren sehen. Oder, sollte mir diese Freude nicht vergönnt sein, werden mir meine Mitbürger nach meinem Tod Gerechtigkeit widerfahren lassen. Und niemals wird es mir in den Kopf wollen, dass die Männer, die man in eine furchtbare Proskription verwickeln wollte, die Komplizen gekrönter Tyrannen gewesen sein sollten – jene, die als erste auf dem Schafott sterben würden, wenn diese Tyrannen den Sieg über unsere republikanischen Anstrengungen davontrügen. Doch sie haben Talente, Tugenden und Charakter – das sind ihre Verbrechen! Man belehre mich eines Besseren, und ich wäre die Erste, die ihnen den Prozess machen würde. Ach! Ich kann kaum begreifen, was ich sehe, nachdem, was ich gehört habe. Ja, ich habe gehört, wie Männer, die jenem widerwärtigen Dumouriez[12] ähneln, meinen Republikanismus bekämpften und mir sagten, dass er sich unmöglich in Frankreich halten könne, dass ein König, ein Beschützer, kurzum ein Gebieter in Anbetracht der französischen Turbulenzen unerlässlich sei. Und ich sehe dieselben fanatischen Männer, wie sie die Weisen der Republik Umstürzler schelten!

Wie ist es möglich, etwas leidenschaftlich zu predigen, das man selbst nicht glaubt? Wie kann man mit solcher Dreistigkeit das Volk täuschen und anderen die Schuld für die Folgen seiner eigenen Verbrechen geben? Sollten diese Männer herrschen, ist es mit der Freiheit und der Gleichheit vorbei. Die Tyrannei rückt durch unsere Zwistigkeiten mit Riesenschritten näher. Bürger! Ihr könnt mir das Leben nehmen, doch ihr werdet euch gegen euren Willen meiner Vorhersagen und meiner bürgerlichen Tugenden erinnern. Es ist an der Zeit, eine Aufzählung meiner Hinterlassenschaften vorzunehmen, die der Gesellschaft vielleicht nicht gleichgültig sein werden, und bei denen ich mir ein wenig von der Heiterkeit erlauben werde, die ich stets in alles gelegt habe, was mich betrifft.

Ich hinterlasse mein Herz meinem Vaterland, meine Rechtschaffenheit den Männern (sie haben sie nötig). Meine Seele den Frauen, ich mache ihnen damit keine unwichtige Gabe; mein schöpferisches Genie den Dramatikern, es wird ihnen nicht unnütz sein, besonders meine Theaterdramaturgie für den berühmten Chésnier[13]; meine Uneigennützigkeit den Ehrgeizlingen, mein Gleichmut den Verfolgten, meinen Geist den Fanatikern, meinen Glauben den Atheisten, meine freimütige Heiterkeit den alternden Frauen, und der ganze armselige Rest, der mir von einem rechtschaffenen Vermögen verbleibt, meinem natürlichen Erben, meinem Sohn, so er mich überleben sollte.

Was meine Theaterstücke betrifft, von denen man einige hundert Manuskripte finden wird, so schenke ich sie der Comédie-Française. Sollte sie durch ihre magische und erhabene Kunst meine Werke nach meinem Tod für würdig erachten, in ihrem Theater dargestellt zu werden, so beweise ich ihr damit hinreichend meine Anerkennung für ihr unnachahmliches Talent. Ich hätte mir gewünscht, vor meinem Tod eine Zusammenfassung meines sehr interessanten Lebens, das seit meiner Geburt unter einem eigenwilligen Stern stand, zu hinterlassen. Doch sollte das Schicksal meinen Lebenstagen einen raschen und ruhmreichen Tod bestimmt haben, so werde ich es den empfindsamen Männern überlassen, falls es noch solche gibt, zu erraten, was ein Opfer des Fanatismus empfunden haben mag, das Ansprüche auf das Vermögen und den Namen eines berühmten Vaters hatte.

Franzosen, dies sind meine letzten Worte, hört mich an in dieser Schrift, und horcht ins Innerste eures Herzens hinein: Erkennt ihr dort die strengen Tugenden und die Uneigennützigkeit der Republikaner? So antwortet: Wer von uns liebt das Vaterland am meisten und dient ihm am stärksten, ihr oder ich? Ihr seid fast alle unaufrichtig. Ihr wollt weder die Freiheit, noch die vollkommene Gleichheit. Der übermäßige Ehrgeiz zerfrisst euch; und dieser Aasgeier, der an euch nagt und euch ununterbrochen zerfleischt, trägt euch auf den Gipfel aller Exzesse. Liebenswertes, zu alt gewordenes Volk, deine Herrschaft ist vorüber, wenn du ihr nicht am Rande des Abgrunds Einhalt gebietest. Nie warst du edler und erhabener als in der majestätischen Ruhe, die du inmitten der mörderischen Stürme zu wahren wusstest, mit denen dich die Aufwiegler eingekreist haben. Bedenke, dass man dir dieselben Fallen stellen kann; und wenn du diese Ruhe und erhabene Wachsamkeit bewahren kannst, rettest du Paris, ganz Frankreich und die republikanische Regierung.[14]

Dich, Danton[15], wähle ich zum Verteidiger der Prinzipien, die ich in Eile und mit überschwänglichem Herzen in dieser Schrift entwickelt habe. Obgleich wir uns in der Art, unsere Meinung zu äußern, unterschieden haben, zolle ich dir nichtsdestoweniger die Anerkennung, die dir gebührt, und ich bin davon überzeugt, dass du sie mir ebenfalls zollst. Ich appelliere an dein tiefgreifendes Urteilsvermögen, an deinen edlen Charakter; urteile über mich. Ich werde mein Testament nicht anschlagen[16]; ich werde weder das Volk von Paris aufhetzen, noch die Departements. Ich richte es direkt und mit Entschlossenheit an die Jakobiner, an das Departement, die Kommune und die Sektionen von Paris, in denen sich die klare Mehrheit an guten Bürgern findet, die, welche Anstrengungen die Ruchlosen auch immer unternehmen mögen, das Gemeinwesen retten wird.

Gezeichnet, OLYMPE DE GOUGES.
An diesem 4. Juni 1793, dem zweiten Jahr der französischen Republik.

Anhang

Zu dieser Ausgabe

Die Grundlage der Übersetzung stammt aus der Sammlung Les archives de la Révolution française (http://catalogue.bnf.fr):

Olympe de Gouges: Réflexions sur les hommes nègres. In: O. d. G.: Zamore et Mirza, ou L'heureux naufrage: drame indien, en trois actes, et en prose. Paris: Cailleau, 1788. S. 92–99.

Olympe de Gouges: Projet utile et salutaire. In: O. d. G.: Dialogue allégorique entre la France et la vérité, dédié aux états généraux. [o. O.]: [ohne Verlag], 1789. S. 21–32.

Olympe de Gouges: Les droits de la femme. [o. O.]: [ohne Verlag], 1791.

Olympe de Gouges: Testament politique d'Olympe de Gouges. [o. O.]: [ohne Verlag], 1793.

Anmerkungen

Reflexionen über die versklavten schwarzen Menschen [Réflexions sur les hommes Nègres]

1 *hommes Nègres*: Die Übersetzung von »hommes Nègres« und »Nègre« ist schwierig. *Nègre* wurde zu de Gouges Zeiten in französisch-deutschen Wörterbüchern mit ›Neger‹ übersetzt. Der heute als rassistisch erkannte Begriff war damals eng mit dem Begriff der Sklaverei verbunden. So heißt es etwa in der fünften Edition des *Dictionnaire de l'Académie française* von 1798: »C'est le nom qu'on donne en général à tous les esclaves noirs employés aux travaux des colonies« (»Damit werden im Allgemeinen alle schwarzen Sklaven bezeichnet, die für die Arbeit in den Kolonien eingesetzt werden«). Der damals geläufige Ausdruck *traiter quelqu'un comme un Nègre* (›jemanden wie einen Neger behandeln‹) bedeutete, jemanden besonders schlecht zu behandeln. Und ein *négrier* war ein Sklavenhändler (im Deutschen damals auch als ›Negerhändler‹ bezeichnet), der mit schwarzen Sklaven handelte. Der Begriff *Nègre* lässt sich daher in den meisten Fällen nicht einfach durch ›Schwarze(r)‹ oder ›schwarzer Mensch‹ ersetzen, weil dadurch die im Begriff *Nègre* zur damaligen Zeit vorherrschende Gleichsetzung mit ›Sklave‹ verloren geht.
Wenngleich die Konnotation ›Sklave‹ im Französischen deutlich zu überwiegen scheint, wurde der Begriff *Nègre* allerdings – wie auch im Deutschen zu dieser Zeit – zum Teil auch allgemein zur Bezeichnung von Schwarzen verwendet. De Gouges meint mit »hommes Nègres« selbst zumeist die ›schwarzen versklavten Menschen‹, bisweilen verwendet sie den Begriff aber auch im Sinne von ›Schwarzer‹ bzw. ›schwarzer Mensch‹. Daher wird im Folgenden »homme Nègre« mit ›versklavter schwarzer Mensch‹ und »Nègre« mit ›schwarzer Sklave‹ oder dort, wo es de Gouges nur um die Hautfarbe zu gehen scheint, mit ›Schwarze(r)‹ oder – im Fall von »homme Nègre« – mit ›schwarzer Mensch‹ übersetzt.

2 *im ersten dramatischen Stoff*: Gemeint ist de Gouges dreiaktiges Theaterstück *Zamore et Mirza ou l'heureux naufrage* von 1784,

das die Konsequenzen der Sklaverei am Beispiel des Schicksals zweier Sklaven beschreibt. Es wurde 1789 in überarbeiteter Form uraufgeführt, jedoch schon nach drei Aufführungen nach heftigen Protesten u. a. aus den Kolonien abgesetzt.

3 *Comédie-Française*: das 1680 gegründete französische Nationaltheater.

4 *Comédiens*: Gemeint sind die Mitglieder bzw. Schauspieler der Comédie-Française.

5 *Der Vater hat seinen Sohn verleugnet*: hier als eine Anspielung darauf, dass die Sklavenhalter Kinder mit Sklavinnen zeugten.

6 *Osmane*: Der frz. Begriff »Ottoman« kann auch den osmanischen Sultan meinen.

7 *auf den Inseln*: Es liegt nahe, dass de Gouges hier spezifischer die Inseln der Antillen meint, die ein Zentrum des Sklavenhandels waren und im Französischen auch einfach als *les Îles* (›die Inseln‹) bezeichnet wurden.

Ein nützliches und heilsames Projekt

1 *Réveillon*: Jean-Baptiste Réveillon (1725–1811), Tapetenfabrikant aus der Pariser Vorstadt Faubourg Saint Antoine, beschäftigte in seiner Manufaktur eine große Anzahl Arbeiter. Nach hartem Winter und angestiegenen Brotpreisen machte er am 23. April 1789 als Wahlmann seines Bezirkes in der Versammlung der Wahlmänner eine Bemerkung, die so kolportiert wurde, dass die Löhne der Arbeiter gesenkt werden könnten (dabei war seine Aussage tatsächlich viel differenzierter und erfolgte im Zusammenhang mit der Forderung nach sinkenden Brotpreisen). Im Anschluss kam es wenige Tage später zu Ausschreitungen: Die gesamte Fabrik und Réveillons Villa wurden zerstört, er selbst konnte in letzter Minute entkommen und mit seiner Familie in die Bastille und später nach England flüchten.

2 *Salpetersieder des Königs*: Gemeint ist der Salpeterfabrikant Dominique Henriot, der mit Réveillon befreundet war und sich ähn-

lich geäußert hatte. Seine Fabrik wurde ebenfalls geplündert und zerstört.

3 *diese Idee*: de Gouges entwickelte ihre Idee einer freiwilligen Steuer zur Begleichung der Staatsschulden und einer damit verbundenen ›patriotischen Kasse‹ in: *Lettre au peuple, ou projet d'une caisse politique par une citoyenne*, Paris 1788.

4 *Generalstände*: König Ludwig XVI. hatte die Ständeversammlung, die *États généraux*, 1789 einberufen. Er verfolgte dabei das Ziel, sich wegen des drohenden Staatsbankrotts zusätzliche Steuern bewilligen zu lassen. Man kann dies als Anfang vom Ende des Absolutismus verstehen: Der König konnte danach nicht mehr allein entscheiden.

5 *Nicolet*: Der Schauspieler und Theaterdirektor Jean-Baptiste Nicolet (1728–1796) eröffnete 1763 das Théâtre de Nicolet, das ab 1772 unter dem Namen Théâtre des Grands-Danseurs du Roi firmierte und schließlich 1792 in das bekannte Théâtre de la Gaîté umbenannt wurde.

6 *Audinot*: Der Schauspieler/Dramatiker Nicolas-Médard Audinot (1732–1801) gründete 1769 das Théâtre de l'Ambigu-Comique.

7 *Variétés*: Théâtre des Variétés-Amusantes.

8 *Beaujolois*: Théâtre Beaujolais.

9 *Délassements-Comiques*: Théâtre des Délassements-Comiques.

10 *Doligny*: Louise-Adélaïde Berton-Maisonneuve (1746–1823), genannt »Mademoiselle Doligny«, war eine berühmte französische Schauspielerin.

11 *Invalidenheim für Soldaten*: *Les Invalides*, kurz für *L'Hôtel des Invalides* in Paris, 1670 von König Ludwig XIV. gegründet, ist ein Heim für kriegsversehrte, berufsunfähige Soldaten.

12 *Hôtel-Dieu*: Das älteste Pariser Krankenhaus wurde bereits 651 n. Chr. gegründet. Das Hospital, das nicht nur Kranke, sondern z.B. auch Gebrechliche, Schwangere und Bedürftige aufnahm, stand zu de Gouges' Zeiten in keinem guten Ruf: Die Hygiene wurde vernachlässigt, mehrere Menschen mussten sich ein Bett teilen. Entsprechend hoch waren die Sterberaten.

1 *Königin*: Marie-Antoinette (1755–1793), geborene Erzherzogin Maria Antonia von Österreich, heiratete den Thronfolger Ludwig August und wurde so am 16. Mai 1770 Dauphine von Frankreich. Als ihr Mann 1774 nach dem Tod seines Großvaters Ludwig XV. den Thron als Ludwig XVI. bestieg, wurde sie Königin von Frankreich und Navarra. Marie-Antoinette machte sich in allgemein schwieriger wirtschaftlicher Situation und steigender Not in Frankreich beim Volk zunehmend unbeliebt, man warf ihr einen verschwenderischen Lebensstil vor. Nach der Revolution 1789 verdächtigte man sie bald, mit ausländischen Mächten in Kontakt zu stehen und eine Konterrevolution zu planen. Im Juni 1791 scheiterte ein Fluchtversuch der Königsfamilie, am 10. August 1792 kam es zum Sturm auf den Tuilerienpalast und die Königsfamilie wurde verhaftet. Kurz darauf, am 21. September 1792, wurde die Republik ausgerufen: Die Monarchie war abgeschafft. Nachdem der König bereits am 21. Januar 1793 hingerichtet worden war, wurde auch Marie-Antoinette am 16. Oktober desselben Jahres auf dem heutigen Place de la Concorde guillotiniert.

2 *Rückkehr der Prinzen*: Nach dem Sturm auf die Bastille und dem Beginn der Revolution 1789 flüchteten viele Adlige aus Frankreich, unter ihnen die Prinzen von Geblüt, Ludwig V. Joseph von Bourbon, 8. Prince de Condé (1737–1818), sein Sohn Ludwig VI. Heinrich Joseph, 9. Prince de Condé (1756–1830), sowie die beiden Brüder des Königs, Ludwig Stanislas Xavier (1755–1824), Graf der Provence und späterer König Ludwig XVIII. und Karl Philipp (1757–1836), Graf von Artois und späterer König Karl X. Die royalistischen Prinzen versuchten vom Ausland aus Kräfte gegen die Revolution zu mobilisieren.

3 *Erklärung der Frauen- und Bürgerinnenrechte*: »Déclaration des droits de la femme et de la citoyenne« bedeutet wörtlich übersetzt: ›Erklärung der Rechte der Frau und Bürgerin‹. Da de Gouges sich an die Erklärung der »Droits de l'homme et du citoyen« anlehnt, und diese im Deutschen üblicherweise als ›Menschen-

und Bürgerrechte‹ übersetzt werden, wurde eine analoge Formulierung gewählt.

4 *des Gesetzgebers*: Gemeint ist Jesus Christus.

5 *Hochzeit zu Kana*: Gewitzte Bemerkung, vgl. Joh. 2, 1–4: »Und am dritten Tage war eine Hochzeit zu Kana in Galiläa, und die Mutter Jesu war da. Jesus aber und seine Jünger waren auch zur Hochzeit geladen. Und als der Wein ausging, spricht die Mutter Jesu zu ihm: Sie haben keinen Wein mehr. Jesus spricht zu ihr: Was habe ich mit dir zu schaffen, Frau? Meine Stunde ist noch nicht gekommen.« Später verwandelt Jesus Wasser in Wein.

6 *Kardinalsamt*: François-Joachim de Pierre, Kardinal de Bernis (1715–1794) war über viele Jahre ein Verbündeter und Günstling der einflussreichen Mätresse des Königs Ludwig XV, Madame de Pompadour.

7 *Quelle für ihre Zitate*: vermutlich die Bibel.

8 *Erlass zugunsten schwarzer Menschen*: Gemeint ist hier der Erlass der Nationalversammlung vom 15. Mai 1791 zugunsten freier schwarzer Menschen. De Gouges wählte hier den Begriff »hommes de couleur«, mit dem zu ihrer Zeit Menschen bezeichnet wurden, die einen schwarzen und einen weißen Elternteil besaßen bzw. Nachkommen von Weißen und Schwarzen waren. Obwohl mit dem Erlass primär die freien Menschen dieser Bevölkerungsgruppe in den Kolonien erfasst wurde, galt er explizit auch für freie, ehemalige schwarze Sklaven ohne weiße Eltern oder Vorfahren. Aus diesem Grund wurde hier die Übersetzung ›schwarze Menschen‹ gewählt.

Dass nach dem Erlass nur jene Menschen in den französischen Kolonien gleiche Rechte erhalten sollten, deren Eltern bereits frei waren, stellte einen klaren Bruch mit der allgemeinen Erklärung der Menschenrechte dar, da sie nun explizit nicht für alle Menschen in den Kolonien gelten sollte. Die Unruhen, von denen de Gouges spricht, bahnten sich bereits ab 1789 in der Kolonie Saint-Domingue (auf dem heutigen Gebiet von Haiti) an: Weiße Plantagenbesitzer hatten im Verlauf des 18. Jahrhunderts ein rassistisches System eingeführt, das zwischen Schwarzen, Kindern bzw. Nachkommen von Schwarzen und Weißen und Weißen unterschied. Je dunkler die Hautfarbe war, desto schlechter wurden die Menschen behandelt. Auch die Gruppe der freien Menschen, die Kinder bzw. Nachkommen von Weißen und Schwarzen waren, wurde zunehmend stärker diskriminiert und von Wahlen, öffentlichen Ämtern und verschiedenen Berufen ausgeschlossen sowie durch rassistische Gesetze drangsaliert. Das rassistische System führte notwendig zu Unruhen unter den verschiedenen künstlich geschaffenen und unterschiedlich behandelten Bevölkerungsgruppen. Schließlich begann in der Nacht vom 22. auf den 23. August 1791 der Sklavenaufstand in der nördlichen Provinz.

9 *Monsieur Merville* (Anm. S. 41): Gemeint ist der französische Dramatiker und Dichter Pierre-Nicolas André-Murville (1754–1815), auch bekannt unter den Namen Pierre-Nicolas André dit de Murville oder André de Murville, dessen Stück *Le souper magique, ou les deux siècles,* ›Das zauberhafte Abendessen‹, 1790 in der Comédie-Française aufgeführt wurde.

10 *Reisekutschen*: Zu de Gouges' Zeiten pendelten billige Fuhrwerke, *guinguettes*, regelmäßig zwischen den Vororten und Paris hin und her.

11 *Sols*: wurden in Frankreich später in *Sous* umbenannt.

12 *einfältigen Richters*: »Bride-Oison«: In Pierre Augustin Caron de Beaumarchais' (1732–1799) erfolgreichem Stück *La Folle Journée ou le Mariage de Figaro,* ›Der tolle Tag oder Figaros Hochzeit‹, das nach Jahren der Zensur am 27. April 1784 im Théâtre de l'Odéon in Paris uraufgeführt wurde, war »Brid'oison« der Name des lächerlichen Richters. Als »oison bridé«, wörtl.: ›gezügeltes Gänseküken‹, bezeichnete man allgemein eine einfältige, leicht lenkbare Person.

13 *Nummern*: Gemeint ist eine Art Nummernschild.

14 *Taleyrand*: Charles-Maurice de Talleyrand-Perigord (1754–1838), *Rapport sur l'instruction publique, fait au nom du Comité de Constitution à l'Assemblée Nationale*, Paris 1791.

15 *Abbé Maury*: Jean-Siffrein Kardinal Maury (1746–1817) wurde 1785 in die Académie française aufgenommen und 1789 vom Klerus als Abgeordneter der Generalstände gewählt. Als überzeugter Royalist widersetzte er sich vergebens der Vereinigung der

drei Stände zur Nationalversammlung und verließ 1791 Frankreich.

16 *la Fayette*: Marie-Joseph Motier, Marquis de La Fayette (1757–1834), überzeugter Demokrat, Gegner der Sklaverei und Verfechter der Menschenrechte, kämpfte zunächst in den Vereinigten Staaten für die Unabhängigkeit. Nach seiner Rückkehr wurde er 1789 vom Adel als Abgeordneter der Generalstände gewählt. Er legte am 11. Juli 1789 der Nationalversammlung einen Entwurf für eine Erklärung der Menschen- und Bürgerrechte vor, den er zusammen mit dem amerikanischen Botschafter in Paris, dem späteren Präsidenten Thomas Jefferson (1743–1826), ausgearbeitet hatte. In deutlich überarbeiteter Form wurde sie am 27. August 1791 angenommen. La Fayette vertrat eine konstitutionelle Monarchie. Sein großes Ansehen in der Bevölkerung begann zu sinken, nachdem er am 17. Juli 1791 als Kommandeur der Nationalgarde die Räumung des Marsfeldes in Paris befohlen hatte. Dort hatte sich eine große Menschenmenge versammelt, um gegen den König zu demonstrieren, der im Juni 1791 versucht hatte, aus Frankreich zu fliehen. Die Räumung gipfelte im Schießbefehl auf die Menge. Nach der Verhaftung des Königs am 10. August 1792, nach dem Sturm auf die Tuilerien und La Fayettes Protest, wurde auch er von der Nationalversammlung zum Verräter erklärt und floh vor seiner Verhaftung aus Frankreich. Von den Österreichern in Flandern gefangen genommen, verbrachte er die folgenden Jahre in preußischer und österreichischer Haft.

17 *all unsere Flüchtigen*: Gemeint waren vermutlich die zahlreichen wegen der Revolution ins Ausland geflüchteten Adligen, darunter die Brüder Ludwigs XVI.

Politisches Testament von Olympe de Gouges

1 *Männer*: »hommes« kann im Französischen sowohl ›Männer‹ als auch ›Menschen‹ bedeuten. Im Zusammenhang mit den Anschuldigungen liegt hier die Übersetzung ›Männer‹ deutlich näher.

2 *Proskription*: De Gouges verfasste diesen Text zwei Tage nach der sogenannten Proskription (nach dem Lat. *proscriptio*, ›Erklärung einer Ächtung oder Verfolgung‹), zu der es am 2. Juni 1793 als Höhepunkt des Volksaufstands, der am 31. Mai begonnen hatte, gekommen war. 29 girondistische Abgeordnete und zwei Minister wurden unter dem Druck der Öffentlichkeit aus dem Nationalkonvent ausgeschlossen und verhaftet bzw. unter Hausarrest gestellt. Der Tag markiert den Beginn des Sturzes der Girondisten. Am 31. Oktober 1793 wurden die führenden Girondisten hingerichtet.

3 *Bergpartei*: Die Bergpartei, frz. *la montagne*, im Nationalkonvent verdankte ihren Namen dem Umstand, dass die Abgeordneten, die *montagnards*, auf den höheren Sitzen des Konvents saßen. Die Vertreter, von denen viele dem Jakobinerclub nahestanden, waren stark anti-royalistisch eingestellt und propagierten radikale demokratische Ideen. Nach Absetzung der Girondisten (s. a. Anm. 2), die gemäßigtere republikanische Positionen vertraten, dominierte die Bergpartei den Nationalkonvent bis Mitte 1794. Zu ihren Mitgliedern zählten auch Robespierre (1758–1794), Danton (1759–1794) und Marat (1743–1793).

4 *32*: Die Zahl ist hier unklar. Gegen 29 girondistische Abgeordnete wurden Proskriptionen erlassen, hinzu kamen zwei Minister, also 31 Personen.

5 *Louis Capet*: Dieser bürgerliche Name wurde Louis XVI. nach seiner Verhaftung im August 1792 zugewiesen. Die Republik wurde am 21. September 1792 ausgerufen.

6 *Tarquinier*: Anspielung auf Lucius Tarquinius Superbus (gest. um 495 v. Chr.), der nach der Überlieferung der letzte König Roms gewesen sein soll. Der Tyrann soll um das Jahr 509 v. Chr. vertrieben worden und im Anschluss die römische Republik entstanden sein.

7 *Brutus*: Marcus Iunius Brutus (85–42 v. Chr.) ging als einer der »Tyrannenmörder« von Gaius Julius Caesar in die Geschichte ein. In Voltaires (1694–1778) Tragödie *La Mort de César* tritt er als moralischer Verteidiger der Freiheit Roms auf.

8 *Cato*: Marcus Porcius Cato der Jüngere (95–46 v. Chr.) war ein Gegner Caesars, der als überzeugter Republikaner galt. Er setzte sich für die Freiheit und gegen die Monarchie ein.

9 *Livres*: »Livre«, frz. für ›Pfund‹, war eine französische Verrechnungseinheit für Silber. Eine Livre bestand aus 20 Sols (später ›Sous‹) oder 240 Deniers. 240 Deniers wogen also so viel wie ein Pfund Silber.

10 *Notar Momet*: Es könnte sich um den Pariser Notar Gaspard Momet handeln, der 1760–1788 in der Rue Montmartre tätig war.

11 *Zivillisten*: sind jährliche Zahlungen an monarchische Staatsoberhäupter und ihre Angehörigen. Der Betrag teilt sich auf in die Apanage (für die nichtregierenden Mitglieder zur Deckung eines ihrem Stand gemäßen Lebens) sowie in alle Aufwendungen für den Herrscher-Haushalt.

12 *Dumouriez*: Gemeint ist Charles François Dumouriez (1739–1823), Royalist und Truppenbefehlshaber, der am 5. April 1793 Hochverrat beging und zur österreichischen Armee überlief, nachdem ihm in Paris ein Verhör und die Verhaftung drohten, da man genau dies befürchtete, dass er sich nämlich mit dem verfeindeten Österreich verbünden und gegen das republikanische Frankreich marschieren könnte.

13 *Chésnier*: Gemeint ist Marie-Joseph Blaise de Chénier (1764–1811), ein französischer Dramatiker und Politiker; dessen Dramen während der Französischen Revolution erstmals Erfolg verbuchen konnten. Sein heute bekannterer Bruder und Poet André Marie Chénier, der sich kritisch gegen Robespierres Jakobinismus stellte, wurde noch drei Tage vor Robespierre am 25. Juli 1794 guillotiniert.

14 *Dich […] französischen Republik*: Offensichtlich aus Platzgründen bzw. wegen der fast vollen Seite wurde der folgende, letzte Abschnitt im Original in kleinerer Type gesetzt.

15 *Danton*: Georges Jacques Danton (1759–1794) war während der Revolution zeitweise Justizminister und später Leiter des ersten Wohlfahrtsausschusses. Er galt trotz einiger radikaler Positionen gemäßigter als Robespierre. Vor der Verhaftung der Girondisten Anfang Juni 1793 war er noch um eine Vermittlung zwischen Girondisten und Bergpartei bemüht. Nach dem Sturz der Girondisten schlug er sich allerdings auf die Seite von Robespierre und der Bergpartei. Am 5. April 1794 fiel er selbst dem Revolutions-

terror zum Opfer und starb wenige Monate vor Robespierre unter der Guillotine.

16 *anschlagen*: Frauen war es verboten, in der Öffentlichkeit eine Rede zu halten. De Gouges schlug deshalb in Paris normalerweise ihre für die Öffentlichkeit bestimmten Einlassungen und Eingaben eigenhändig an oder verteilte sie als Einzelblattdrucke oder Prospekte.

Freiheit, Gleichheit, Gerechtigkeit

Von Margarete Stokowski

> »Sie wissen es, Monsieur, Politik und Philosophie gehören nicht zu den Fächern, deren Bearbeitung den Frauen ansteht. Nun, ich habe mir Mühe gegeben, in dem einen wie dem anderen erfolgreich zu sein.«*

Was niemand anfängt, wird niemals fertig. Wir können heute nicht mit Gewissheit sagen, wie zuversichtlich Olympe de Gouges (1748–1793) in Bezug auf ihr politisches Handeln war. Doch so fest sie von der Gleichheit aller Menschen überzeugt war, so genau scheint sie gewusst zu haben, dass sie die Verwirklichung ihrer Ziele nicht mehr erleben würde. Immer wieder tauchen in ihren Texten Sätze auf, die die Ahnung durchscheinen lassen, dass die Sache mit der Emanzipation noch eine Weile dauern wird. Diese Einsicht mischt sich bei de Gouges allerdings immer auch mit einer enthusiastischen Gewissheit, auf der richtigen Seite zu stehen, wenn es um gleiche Rechte für alle geht. An ihre *Erklärung der Frauen- und Bürgerinnenrechte* hängte sie in weiser Voraussicht den Verweis an, es könnte sein, dass sie Unmögliches gewagt habe – in diesem Falle überlasse sie »den zukünftigen Menschen die Ehre, sich dieser Sache anzunehmen« (S. 36).

Ihre Schriften aus der Zeit der französischen Revolution gehören zu den ersten Dokumenten des Feminismus in der Moderne, und doch wird de Gouges in vielen Darstellun-

* Olympe de Gouges in einem Brief an Jean-Baptiste Poncet-Delpech vom 21. Mai 1789.

gen der Revolution mit keinem Wort erwähnt. In der *Zeit* schrieb deswegen einmal der Politikwissenschaftler Iring Fetscher: »Es sieht beinahe so aus, als wolle die (männliche) Geschichtsschreibung die Hinrichtung noch einmal vornehmen, die das Revolutionstribunal am 3. November 1793 vollziehen läßt.«*

Aber ganz so weit kommt es nicht, und sogar de Gouges selbst prophezeite dies, als sie in ihrem Plädoyer vor dem Revolutionstribunal erklärte: »Meine Stimme wird sich aus der Tiefe meines Grabes Gehör verschaffen.«** Sie schien sich sicher, dass ihr eines Tages Gerechtigkeit widerfahren würde – wenn auch in ferner Zukunft.

Dabei sprach die Herkunft von de Gouges zunächst nicht unbedingt dafür, dass sie eines Tages als Revolutionärin in die Geschichte eingehen würde. Geboren wurde sie 1748 in Montauban, einer Stadt im Südwesten Frankreichs, als uneheliches Kind mit dem Namen Marie Gouze. Wie es damals üblich war, lernte sie zunächst weder lesen noch schreiben. Mit 17 Jahren wurde sie gegen ihren Willen verheiratet und gebar bald darauf einen Sohn. Als ihr Ehemann früh starb, zog sie nach Paris, wo bereits ihre Schwester lebte. Sie fand einen neuen Partner, heiratete aber nicht nochmals, weil sie die Ehe für »das Grab des Vertrauens und der Liebe« (S. 36) hielt.

* Iring Fetscher, *Olympe de Gouges: Zweimal hingerichtet. Eine Vorkämpferin für Demokratie und die Gleichberechtigung der Frau*, 6. März 1987, online unter: http://www.zeit.de/1987/11/zweimal-hingerichtet [20. 4. 2018].

** »Ma voix se fera entendre du fond de mon sépulcre.« (»Olympe de Gouges au tribunal révolutionnaire«, in: O. d. G., *Écrits politiques 1792–1793*, Paris 1993.)

In Paris gab sie sich den Namen Olympe de Gouges, aus dem Vornamen der Mutter, Anne-Olympe, und einer abgeänderten Form ihres Nachnamens. Im Selbststudium holte sie die fehlende Bildung nach und wurde zur Autorin, die in Salons verkehrte und sich mit Theaterstücken, Romanen, Flugblättern und Wandplakaten ins politische Geschehen einmischte. Die große Zahl ihrer Werke hielt ihre Gegner allerdings nicht davon ab, de Gouges für eine Kurtisane zu halten, die nur durch ihre Schönheit Aufmerksamkeit erzeuge und in Wirklichkeit Analphabetin sei.

Der berühmteste Text von de Gouges ist ihre *Déclaration des droits de la femme et de la citoyenne* (›Erklärung der Frauen- und Bürgerinnenrechte‹) von 1791, in der sie ihre Unzufriedenheit über die mittelmäßige Arbeit der Nationalversammlung äußert, die gleiche Rechte nur für Männer wollte. Der Text ist eine Antwort auf die *Déclaration des droits de l'homme et du citoyen* (›Erklärung der Menschen- und Bürgerrechte‹) von 1789, die eigentlich eine »Erklärung der Männer- und Bürgerrechte« war. Das französische *homme* kann zwar ›Mensch‹ heißen – aber eben auch ›Mann‹. Wenn die Revolutionäre »Freiheit, Gleichheit und Brüderlichkeit« forderten, war die Sache mit der »Brüderlichkeit« wörtlich zu nehmen. »Frei und gleich an Rechten geboren« waren dem damaligen Verständnis nach nur Männer. Von denen allerdings auch nicht alle: Juden waren bis 1791 ebenfalls ausgeschlossen.

De Gouges schrieb den Text also um und wollte die neue Erklärung der Nationalversammlung vorlegen lassen. Außerdem versuchte sie, die Königin Marie Antoinette (1755–1793) zu inspirieren: Sie schickte ihr die Erklärung mit der Bitte, sie möge sich für das »unglückliche Geschlecht«

(S. 25) einsetzen. Es ist fast rührend, dass Olympe de Gouges die Hoffnung hegte, die Königin würde Feministin werden, aber andererseits ist es auch beachtlich konsequent, einfach einmal ganz oben anzufragen.

Leider war de Gouges mit ihrem Anliegen weder bei der Nationalversammlung noch bei der Königin erfolgreich. Ihr Text ging dennoch in die Geschichte ein: als erste universale Erklärung von Menschenrechten, die für Frauen und Männer gleichermaßen gelten sollten, und als Grundlage für die spätere Einführung des Frauenwahlrechtes in Europa. Frauen erlangten das Wahlrecht in Frankreich allerdings erst 1944, also 153 Jahre nach de Gouges' Forderung.

Einer der bekanntesten Sätze der *Erklärung der Frauen- und Bürgerinnenrechte* liest sich, als hätte Olympe de Gouges ihr Schicksal vorausgeahnt. In Artikel X heißt es:

> »Die Frau hat das Recht, aufs Schafott zu steigen, sie soll ebenso das Recht haben, auf die Rednertribüne zu steigen, vorausgesetzt ihre Äußerungen stören nicht die durch das Gesetz geschaffene öffentliche Ordnung.« (S. 30)

Sie weigerte sich, eine Regierung anzuerkennen, die Frauen keine politischen Rechte gibt, und kritisierte auch noch den Umgang mit König Ludwig XVI., der im Januar 1793 hingerichtet wurde.

Im Sommer 1793 wurde Olympe de Gouges verhaftet und verbrachte mehrere Monate in verschiedenen Gefängnissen. Am 3. November 1793 starb sie im Alter von 45 Jahren auf der Place de la Concorde durch die Guillotine. In der Begründung ihres Todesurteils hieß es:

»Olympe de Gouges, die mit ihrer exaltierten Vorstellungskraft geboren war, hielt ihr Delirium für eine Inspiration der Natur. Ein Staatsmann wollte sie sein, und das Gesetz hat die Verschwörerin dafür bestraft, daß sie die Tugenden vergaß, die ihrem Geschlecht geziemen.«*

Obwohl Olympe de Gouges in ihren Schriften ganz unterschiedliche Themen behandelt, lassen sich drei zentrale Motive herausstellen.

1. Die Überzeugung, dass alle Menschen die gleichen Rechte haben sollten

Zwar ist Olympe de Gouges heute hauptsächlich für ihre Forderung nach dem Frauenwahlrecht bekannt, ihr Einsatz für gleiche Rechte ging aber viel weiter. Zu gleichen Rechten zählten für sie immer auch gleiche Pflichten: Frauen sollten an allen gesellschaftlichen Aufgaben beteiligt sein und für Unrecht ebenso bestraft werden wie Männer. Neben allgemeiner Gleichstellung forderte sie außerdem die Einführung eines Scheidungsrechts, eine Verbesserung der Rechte für unverheiratete Frauen, Witwen und ehelich sowie unehelich geborene Kinder. Des Weiteren setzte sie sich für die Abschaffung der Todesstrafe und der Sklaverei ein.

So ist Olympe de Gouges auch ein Beispiel dafür, wie sich eine weiße Frau gegen den Rassismus der eigenen Zeit

* Zit. nach Karl-Peter Fritzsche, *Menschenrechte. Eine Einführung mit Dokumenten*, Stuttgart 2016, S. 38.

auflehnen kann. Um möglichst viele ihrer oft analphabetischen Mitmenschen zu erreichen, schrieb sie das Theaterstück *Zamore et Mirza*, mit dem sie die Befreiung der Sklavinnen und Sklaven in den Kolonien vorantreiben wollte. Die rassistische Einteilung von Menschen nach ihrer Herkunft und ihrem Äußeren sah sie als brutal ungerecht und durch keinerlei Naturgesetze gerechtfertigt: Es sind, so erkennt sie in den *Réflexions sur les hommes nègres* (›Reflexionen über die versklavten schwarzen Menschen‹), »Gewalt und Vorurteil« (S. 7), die zur Unterdrückung führen. Menschenhandel erscheint ihr so sehr gegen alle Gesetze der Natur, dass sie sich wundert, »dass die Natur nicht erzittert« (S. 8).

Dennoch gibt es Momente, in denen de Gouges mit ihrer Idee von Gleichheit den herrschenden Klassengegensätzen nicht ganz entkommt: In ihrem *Projet utile et salutaire* (›Ein nützliches und heilbringendes Projekt‹) schlägt sie die Einrichtung einer Unterkunft für mittellose Frauen vor. Allerdings soll dieses Haus nur für Frauen offen sein, die zuvor in »rechtschaffenem Wohlstand« (s. S. 18) gelebt haben, das heißt, sie fordert mehr Hilfe für Frauen, die durch plötzliches Unglück ohne Sicherheit sind, aber nicht für solche, die von Geburt an in Armut leben. Deren Unterkünfte würden durch das neue Fürsorgehaus lediglich entlastet. Warum sie so dachte, lässt sich erahnen, wenn sie schreibt, zu viele Wohltaten würden das Volk faul machen. Mag sein, dass sie, die sich aus der Provinz ins politische Zentrum Paris vorgearbeitet hat, ähnlichen Kampfgeist auch von anderen erwartete.

2. Die Berufung auf das eigene Gewissen sowie die Liebe zu Natur und Vaterland

Als Quelle ihrer Einsichten in gesellschaftliche Schieflagen nennt de Gouges nie eine umfassende Bildung, sondern immer ihr Gewissen und die Liebe zu ihrem Land und zur Natur im Allgemeinen. So schreibt sie immer wieder, sie verstünde nichts von großer Politik und sei generell nicht besonders gebildet. »Ich bitte sie, über die Fehler hinwegzusehen, von denen es in diesen Texten wimmelt« (S. 15), heißt es in *Projet utile et salutaire*, und man wäre versucht zu entgegnen, »bitte, hören Sie auf, sich ständig zu entschuldigen«, wenn es nicht weiter hieße, »und ich bitte sie, einen Moment lang bei einigen edlen Maximen innezuhalten« (ebd.) – sie will also wohl vor allem, dass die Form ihrer Texte nicht vom Inhalt ablenkt, den sie zutiefst berechtigt findet. Mit dem Verweis auf mögliche Rechtschreibfehler oder Bildungslücken will de Gouges ihre Arbeit also vermutlich nicht herabsetzen, sondern eher sagen: »Sehen Sie mich an, ich bin nur ein ungebildetes Ding vom Land, und *sogar ich* sehe, dass an diesem System etwas faul ist – wie viel mächtiger wäre ich, wenn ich auch noch die Bildung hätte, Ihnen zu erklären, was genau nicht stimmt.«

Es mag eigenartig wirken, wenn de Gouges sich immer wieder auf die Nation beruft, der sie dienen will, und wenn sie schreibt, es sei »ruhmvoll [...], fürs [...] Vaterland zu sterben« (S. 48). Allerdings muss man die Begriffe von Nation und Vaterland hier im Kontext ihrer Zeit lesen und eher als das verstehen, was wir heute als ›Öffentlichkeit‹ beschreiben würden. Patriotisches Handeln im Sinne von

Olympe de Gouges ist ein gemeinnütziges Handeln, das den Menschen dient und den Regeln von Vernunft und Gewissen folgt.

3. Die Idee, eine gerechte Gesellschaftsordnung sei eine Art natürliche Ordnung

De Gouges argumentiert stets in der Zuversicht, dass Freiheit und Gerechtigkeit im langfristigen Plan einer »göttlichen Vorsehung« (vgl. S. 44–46) mitgedacht sein müssen. Sie müssen nicht von Menschen ausgedacht, sondern nur ohne Vorurteile »erkannt« (S. 32) oder »erinnert« (S. 27) werden. So ist auch ihre Freiheitsdefinition anders als in der Erklärung der Menschenrechte von 1789, wo Freiheit bedeutet, »alles tun zu dürfen, was einem anderen nicht schadet«. Für Olympe de Gouges dagegen bestehen Freiheit und Gerechtigkeit darin, »einem anderen das zukommen zu lassen, was ihm zusteht« (S. 28). Ihre Idee ist also, dass den Menschen bestimmte Rechte ohnehin zustehen, die ihnen nur durch falsche Ordnungen vorenthalten werden, unter anderem, weil Männer sich ihre eigenen Privilegien »zurechtgezimmert« (S. 26) haben.

Das ist immer noch ein aktueller Gedanke, wenn heute immer wieder gesellschaftliche Ungleichheiten zwischen Menschen als naturgegeben angesehen werden; sei es in rassistischen Zuschreibungen oder in der Idee, dass Frauen aufgrund biologischer Eigenschaften nicht dieselben Freiheiten genießen können wie Männer, weil sie sonst ihren »natürlichen« Aufgaben nicht nachkommen. Dass Olympe de Gouges es geschafft hat, sich zu ihrer Zeit gegen solche Beschränkungen einzusetzen, kann uns heute daran erinnern: Fortschritt entsteht durch Menschen, die kämpfen, auch wenn der Weg noch lang ist, und nicht durch die, die den Platz einnehmen, den man ihnen zuweist.